中国民间

ZHONGGUO MINJIAN
CHUANTONG WENHUA
YU MEISHU JIAOYU YANJIU

传统文化与美术教育研究

■ 盛忆文　陈建军　黄　为◎著

U0728620

中国原子能出版社
China Atomic Energy Press

图书在版编目（ＣＩＰ）数据

中国民间传统文化与美术教育研究 / 盛忆文, 陈建军, 黄为著.
-- 北京：中国原子能出版社, 2018.6（2023.1重印）
ISBN 978-7-5022-9187-7

Ⅰ. ①中… Ⅱ. ①盛… ②陈… ③黄… Ⅲ. ①民间艺
术—研究—中国 Ⅳ. ①J12

中国版本图书馆CIP数据核字(2018)第148472号

中国民间传统文化与美术教育研究

出　　版	中国原子能出版社(北京市海淀区阜成路43号 100048)	
责任编辑	蒋焱兰（邮箱：ylj44@126.com QQ：419148731）	
特约编辑	宋玉珊　李雪松	
责任印制	赵　明	
印　　刷	河北宝昌佳彩印刷有限公司	
经　　销	全国新华书店	
开　　本	880mm×1230mm 1/32	
印　　张	5	
字　　数	150千字	
版　　次	2018年6月第1版	2023年1月第2次印刷
书　　号	ISBN 978-7-5022-9187-7	
定　　价	62.00元	

出版社网址：http://www.aep.com.cn　E-mail：atomep123@126.com
发行电话：010-68452845　　　**版权所有　侵权必究**

前　言

当西方世界走过200多年的资本主义社会发展道路,逐渐成为在科学技术和工业文明基础上的高度物质文明的发达国家时,便与处在科学技术和工业基础极端落后的不发达国家形成了鲜明对比。不发达国家为了扭转落后就要挨打的被动局面,纷纷步西方发达国家之后尘,同样采取工业化文明快速发展的模式,力求赶上发达国家的物质文明水平。中国的近代化和现代化建设发展,也是基于这样一个目的。就是说,从19世纪中叶的洋务运动到改革开放的今天,中国对西方文明模式的选择,完全是出于中国强国富民的社会需要。然而,如果西方文明模式不是在中国传统文化结构和历史情境中被转化使用,而是以征服者的身份对中国传统文化和历史发展进行不见战火硝烟的意识形态霸权和文化殖民侵略,便会导致中国在近现代化的建设过程中逐渐丧失民族自我意识同一性的认同而民族性淡漠,那么,中国的现代化建设将走向一条以物质文明畸形发展为前导的精神奴化道路,使实现中华民族的伟大复兴成为一句空话。

为了改变人们心中已经西化的观念,改变传统文化缺失的现状,重新挖掘中国民间传统文化就十分必要。中国民间传统文化源远流长，存在着不少的思想精华，把它重新推向我们的民众，能够充实中国人的文化底蕴，塑造具有中国特色的民族文化。美术作为中国民间文化中不可缺失的一部分，同时也是受西方文化冲击比较严重的一部分，挖掘、探索民间文化必定是要连带着研究美术。可以说，对中国民间传统文化与美术教育的探索是解决中国文化受冲击问题的重要手段。

　　本书在写作过程中参考了大量的资料文献，且借鉴了权威学者的学术成果，在此表示深深的感谢。由于作者学识水平有限，如有遗漏之处，望广大读者批评指正。

作者

2018 年 7 月

目　录

第一章 中国民间传统文化中的物质文化

第一节 民间传统文化中的饮食

物质是人类赖以生存的根本。物质生活之始只以满足人的生理生存为目的,像以食物果腹,以片状物遮蔽身体,以巢穴抵御大自然侵害,以器物扩展身体功能等,都是实现生理生存最为基本的要求。可以说,物质生活中最早的文化属性是在无意识状态中由自然条件构成的。随着社会的变迁和历史的发展,各民族之间的物质生活和心理差异逐步复杂化,在满足了生理生存需要的同时,也延伸到了各种精神要求的层面上,使无意识的状态渐渐消退而有意识的创造渐渐发展起来。在不断创造与不断需求的过程中,那些能被该民族成员共识的、认同的、遵守的、奉行的、传承的风俗习惯,就构成了该民族物质生活中特有的传统文化形态。这种传统文化会在该民族成员中形成内聚力,并在该民族的物质生活和精神生活中占据重要地位。

俗话说:开门七件事,柴、米、油、盐、酱、醋、茶。这句俗话道出了民以食为天的需要。饮食,是人类生活的头等大事。饮食在满足人的基本生理需要过程中,也为满足人的精神要求创造出一系列的文化表征,产生了具有不同民族特点和地域特点的饮食风俗,从而形成了五花八门、丰富多彩的饮食文化。①我们仅择取汉族地

---

①单霁翔.民间文化遗产保护[M].天津:天津大学出版社,2015.

区较具农耕文化特征的日常饮食、待客饮食、节日饮食和祭祀饮食几个方面进行简要介绍。

一、日常饮食

俗话说：人是铁，饭是钢，一顿不吃心里慌。这句俗话道出了日常饮食的重要性。日常饮食是指平日里家庭生活中的饮食习俗。在古代社会中，中国是一个以农耕文明著称的民族，由于地理环境不同，使农业经济形成了南北地区两大不同的产业体系。南方以种植水稻为主，北方以种植小麦为主。这种情况导致南北方地区的日常食品结构存在着明显的区别。这种区别主要体现在，南方以米饭作为日常生活主食，北方以面食作为日常生活主食。又由于各地区自然条件所形成的生活习惯有所不同，对日常食品进行加工制作的手法也有所不同。总体上说，居住在北方地区的人们，善于对面粉进行各式各样的加工制作。在日常生活饮食中，最为常见的面制食品主要有馒头、包子、烙饼、面条、饺子等。居住在南方地区的人们，善于对稻米进行各式各样的加工制作。在日常生活饮食中，最为常见的米食品主要有米饭、糕饼、米粑、米粉、汤圆等。此外，还有渔民和牧民等不同的日常生活饮食加工制作方式。在日常饮食中，除了主食之外，各地区因地而异对副食进行的加工制作，也是日常生活饮食中的一个重要组成部分，其中主要原料有蔬菜、肉类、禽蛋、豆制品、油脂、水果和饮料等，烹制加工手法各具特色。

在日常饮食习俗中，民间大部分地区流行的是早、中、晚三餐制。这种规律性的饮食习惯基本形成于汉代，古称"三食"。但是，在城镇与乡村之间，由于经济产业形式不同，所以在用餐方式上也有所不同。一般情况下，城镇居民会根据职业作息时间来安排日常三餐。大多是早餐比较简单，午餐比较将就，晚餐比较丰富。而乡村居民则根据农业生产活动以农闲和农忙季节来安排季节性日常饮食,有"忙三餐,闲两餐。闲吃湿,忙吃干"的习俗。即农忙季节实行一日三餐制,饭食以干硬耐饥的食物为主;农闲季节就改为一日两餐制,饭食以湿软稀溜的食物为主。

在一些始终保持着三餐制不变的地区,流行这样一种日常饮食习惯:"早晚喝,晌午吃。"即早晚饭食稀薄简单,中午饭食殷实讲究。在日常三餐的副食搭配中,往往是哪种蔬菜成熟了就集中吃一阵子。肉类在日常三餐中是很少吃到的,主要被大量用于逢年、过节、宴请宾客和红白喜事等特殊饮食活动中。油脂、豆制品和禽蛋在一年四季的日常副食品搭配中还是可以吃到的。在民间,春天吃野菜和冬季吃咸菜也是日常饮食习俗中的一个特色。

受中国传统习惯的影响,家中男子是极少进厨房做饭的,主厨者多为女子。众人会把饭菜手艺的高低作为品评妇女持家能力的一项标准。饭做好后,第一碗饭要先端给家中的长辈;其次是丈夫或男人;最后是孩子。做饭的女人们要到最后才吃,剩多吃多、剩少吃少,任劳任怨、从无怨言。表现出传统社会生活中妇女在操持家业中的极高修养。

平日里,一家人在吃饭的时候,乡村与城镇的进餐方式是不尽相同的。在乡村,日常吃饭时一家人很少围桌而坐,农忙时在田间进餐,农闲时就在村子里"攒饭场"。这是因为,每逢农忙季节,庄户人家都必须全力以赴地投入抢种、抢灌、抢收等农事生产活动,有时甚至要披星戴月地在田间劳作。所以,家中妇女们就把饭做好后送到田间地头,供在田间劳作的家人用餐。饭一送到,在田间劳作的人们就会围拢在田埂上席地而坐,一边吃饭一边聊天,一边休息着疲惫的身体。此时,围坐在饭桌旁吃饭的许多规矩都会被田间的景象冲散,使劳累的人们显得无拘无束,十分舒展、愉快。这种由农田、牧场、渔汛等季节性劳作规律来确定进餐方式的习俗，是乡村日常饮食习俗中最为突出的一点。

把饮食与生产劳动相结合是中国人勤劳、俭朴的传统美德的真实写照。而到了农闲季节，庄户人家都会做些房前屋后、修护农具之类的事情，很少出远门。所以，"饭时"一到，人们就会从家里端碗饭陆续赶往村子里自发形成的饭场，或蹲或倚地聚集在大树下、磨盘上、院墙根，热热闹闹地边吃边说，上至国家政要、下至农事信息，家长里短、古今中外，无所不谈。乡亲们称这种习俗为"撺饭场"。每个村子里都有三两个比较固定的饭场，人们可以依着自己的兴致到处"撺饭场"。饭场上，没有人会因为碗中的饭菜不好而遭人奚落。这种"撺饭场"的进餐方式，在谈笑间强化或调和了邻里关系，联络或交流了各种信息，让人们在"闲吃湿"的稀食淡汤中享受着和畅的生活与和善的人情。当然，到冬季天寒地冻的日子，村里人就会不约而同地聚集到谁家的火炉旁，围火坐定，围火而食，围火交谈，亲热和睦、其乐融融。而在城镇，居民们不论春夏秋冬，平日吃饭时一般都是一家人围桌而坐，共进三餐。

在民间，围在饭桌旁吃饭时有很多讲究。一般来说，要以房子的坐向划分出上座和下座：北屋坐北朝南为上座，南屋则坐南朝北为上座；上座为上席，尊位，下座为下席，卑位。在以北为上的地区，落座时要稍偏一些，因为正北方被认为是老天爷的位置，要注意留出来；其次东方为二席，其余为下席。家中长者为尊，坐上席，儿孙们论辈依次入座。在饭桌上就餐时，首要的规矩是吃饭不能掉饭粒，如果不慎掉落要及时捡起放在自己的碗边，否则一旦脚踩到饭粒上，出门将会遭遇雷击。小孩子在用餐完毕后，不能让碗底剩下残饭，否则长大后会娶到麻脸妻子或嫁给麻脸丈夫。特别是对筷子的使用非常讲究：不能使用一长一短的筷子，否则家中父母会先后死去；不能把筷子插在饭碗里，这是祭奠死者的一种方式。于家不吉，不能用筷子敲碗，此为讨饭之举动，谁敲谁"穷气"；不能用粘有残饭的筷子夹菜,不能用筷子翻弄挑拣菜肴,不能在别人夹菜时自己用筷子跨过去夹菜,不能用舌头舔筷子,不能用筷子当牙签剔牙等,这些不恰当的用筷行为都会被众人视作是缺乏道德教养的结果。所以,当家人共桌用餐时,大人们便会向儿孙晚辈传播这些风俗习惯,在进餐过程中不断调教、纠正孩子们在吃饭时的吃相,以使养成良好的用餐习惯。仅此一些吃饭中的小事,就足以看出日常饮食中的文化意蕴何等丰富。尽管其中有些不科学的因素,但养成一种文明用餐的良好习惯是非常必要的。

二、待客饮食

俗话说:门户紧如债,拔的锅儿卖。这句俗话道出了民间对盛情待客的特别看重。即使人再穷,人情的门户也是十分要紧的,把锅卖掉也要待客,以表对友情的重视程度。

中国自古以来享有"礼仪之邦"的盛誉,盛情招待客人被认为是一种美德在民间世代相传,久而久之形成了浓郁的待客风情。在家中,无论亲戚还是朋友来访,除了备有一桌格外丰盛的酒菜表示热情款待来客,还要在席间配套特殊的礼节,以表达对来客的隆重敬意。

在待客饮食习俗中,当家里来客时先沏茶、倒水、递烟,寒暄一阵子之后,便要设一桌筵席款待客人。入席前,先要把饭桌放正。饭桌放正的准则是:若在南北屋设筵,桌缝必须是朝东西走向;若在东西屋设筵,则桌缝必须是朝南北走向。民间称放错桌子缝的筵席为"直冲上岗子"或"串心缝",意为对坐在上席的客人不恭敬。放好桌子后要先摆上酒盅和筷子,筷子应摆在酒盅的右侧,然后请客人入席。主人会把客人请到上席入座,自家人则坐二席或下席。环桌坐定后,依次上菜。每上一道菜都要先放在上席的客人面前,请客人品尝,尔后依次从上席往二席、下席轮撤,其他人也依次动筷子品尝。菜盘先是呈三角形摆放,等菜逐渐上齐后会摆成一朵花的形状,表示家道兴旺。肉菜中的整条鱼或整只鸡被端上桌子时,鱼头或鸡头必须对准客人,这是主人对客人所表示以示饭毕。而主人则要等候所有客人都吃饱饭后,方可放下筷子。当然,在家人日常围桌共餐中的一些讲究,待客之时依然适用。

宴席开始时,第一杯酒要先敬长者,然后敬宾客。席间,年少者要一小口一小口地进食,谨防回复长者问话时发生喷饭现象,有伤大雅。当最后一道压桌菜上来后,主人一定要给客人多加一勺饭,意为愿饭后客人回家喜获丰收。客人吃好饭时,须双手将筷子横着平托抬起,环视席间各位宣告"诸位慢吃",然后把筷子放在左手一侧。在有火炕的地区,主人依旧遵照环桌共餐的讲究,把客人请到炕上,宾主盘腿环炕桌而坐,尽享主人的热诚款待。

在民间,待客时宾主都不会因桌椅的贵贱、高低、方圆而改变或放弃围桌共餐应遵循的礼数,更不会因席面上并不完美的佳肴而意兴索然。主人待客时尽己所能,上几道热菜、拼几个冷盘、烫一壶老酒,席面并不奢华或精美。老百姓注重的是以"礼"的形式表达自己对亲朋好友的情分和敬重,体现出民间老百姓质朴好客的淳厚民风。有趣的是,民间在调解人与人之间的口角纷争中,常常可以因"咱在一个桌上吃过"或"咱在一块喝过(敬过酒)"而化干戈为玉帛。

在家中待客,当客人起身告辞时,主人还要送上一些本地或自家产的土特产,客人都得一一收下,否则主人会认为客人不够交情或嫌弃礼薄。就这样,从圣人们那里被世俗化了的礼,千百年来通过民间普普通通的生活方式传承下来,教化和熏陶着环桌而食的每一代人和每一个人。

三、节日饮食

俗话说：冬至不端饺子碗，冻掉耳朵没人管。这句俗话道出了由特殊时间对应特殊食品所构成的特定节日饮食。

在古代中国，传统农历节日的起源不是偶然的，也不是起因于重大的历史事件。早在远古时代，靠天吃饭的祖先们从大自然的气候变化规律中认识到季节对农作物生长具有明显的影响。于是，他们根据气候变化规律年复一年地因不同季节而从事适时令的农业生产，把气候变化之间一个个相连接的时间称为节，这个时间所在的日子就被称为节日。在古代，可以把农历节日看作是进行农业生产的指南针，标志着某项农事活动的开始或结束。在节日里，农耕民族满含着对农业丰收的渴望和憧憬，通过一定的仪式举行祭祀和庆祝活动。作为节日特征的一个显著特点就是饮食上的应节性。

四、祭祀饮食

俗话说：扁食锅里转三圈，端到院里敬老天。这句俗话道出了人神相通的中介——食物。即神灵、祖先得到祭祀供品，就可以尽享人间口福；人间食用祭品，就可以得到神灵、祖先福佑。

礼祭神灵和祖先，是史前时期创立的传统。不论是祭祀神灵还是祭祀祖先，都有一些虔诚的礼拜仪式，其中最重要的部分就是献祭，而献祭最为贵重且最为实惠的祭品是食物。这是因为，早在原始时期的混沌思维方式认为，世上万物皆有生命，山河、日月、风雨、禽兽、草木等无一例外。因而万物皆有生命也就皆有灵魂。自然，人是物质的，是有生命的，因而人也有灵魂。灵魂是可以超脱物质而独立存在的永恒力量，所以说，世上万物皆受灵魂的支配。在这种"万物有灵"和"灵魂不灭"的原始思维方式支配下，古代先民们认为，各种神灵和祖先在另外一个世界里也过着像人间一样的生活,同样享用着像人间一样的各种美味佳肴。因此,人们在祭祀仪式上把人间美味食品供奉给神灵和祖先,让他们与人间共享欢乐,从而赐福人间。同时,在人间,人们食用了神灵和祖先食用过的供品,就可以得到神灵和祖先福惠力量的护佑。因此,可以说祭祀食俗产生于原始的"万物有灵"和"灵魂不灭"观念,正是这种承袭于远古时代的观念,驱使着人们心甘情愿地将自己辛辛苦苦得到的劳动果实,通过虔诚的礼拜仪式奉献给那些数不清的神灵和道不明的祖先。这种融信仰与伦理为一体的礼祭膜拜传统,在整个中华民族历史中构建了一个特殊的文化环境。

被用于祭祀的饮食主要有肉、菜、米食、面食、瓜果、酒、糕点几大类。民间把为祭祀而准备的食物称作"供品""上供"。在农耕社会生活中,民间所祭祀的神灵一类是脱去了宗教神秘外衣而被人格化了的自然神,像天地、日月、水火等。一类是历史上被神化了的民族楷模,像三皇五帝等。民间所祭祀的祖先一类是与自家有血缘关系的宗族祖灵;另一类是与自己无血缘关系,却是自己经营或所事行业的祖师爷。每逢农历节日自不必说,祭祀设供是头等大事,只有给神灵和祖宗上了供、行了礼之后,人间盛宴方可开席。在日常生活中,只要人们有求于神灵,随时都能摆供祭拜,祈获神灵赐福。而平日里家中有个大事小情,人们也都不会慢待祖先,总是小心翼翼地在祖宗牌位前摆供祭拜,祈求祖灵保佑家业兴旺。当然,供奉神灵和祖先的供品多数最终还是被凡人食用了。只是通过这种献祭上供的方式,把娱神和娱人融为一体,使人与神的关系越来越密切,人与祖先的血脉越来越牢固,使人们的生活吉祥安康。

回望华夏民族几千年的文明史,我们的祖先创造了许多举世闻名的文化成果:有物质的,有精神的,还有物质精神合二为一的。饮食文化就在其中,是物质与精神合二为一的成果。有人说,中国民族的文化是"口的文化",即饮食文化。这话很耐人寻味,揭示了古代中国传统饮食文化所具有的既丰富又独特的社会学内涵。

第二节 民间传统文化中的服饰

俗话说:人生在世,吃穿二字。这句话道出了吃饭与穿衣是人世间谁也离不开的物质生活基础。衣、食、住、行,是保障人类社会生活的四大基本要素,而衣列首位,可见穿衣的重要。服饰,是在穿衣的基础上对自身进行符合社会风俗习惯的打扮,是体现一个民族、一个地区、一个时代所特有的生活文化的一个重要方面。作为中国历史上的主体民族,汉族是中国乃至世界上人口最多的民族,崇尚礼制的文化背景,形成了服饰载礼的审美特点,服饰文化风貌具有相对的稳定性、持久性和传承性。我们仅从衣着风俗、衣着装饰、人体修饰和具有装饰作用的佩件四个方面,对传统服饰文化进行简要介绍。

一、衣着风俗

俗话说:吃饭穿衣量家当。这句话道出了老百姓朴素的生活态度。衣着的作用首先是保护身体,同时显示出装饰的因素,而绝不单纯是为了装饰身体。衣着风俗主要是指人们所穿上衣、下衣、鞋袜以及所戴帽子、头巾等在各种社织布机纺线会生活事项中形成的习惯,能够体现出不同服饰风俗的主要特点。[1]在衣着风俗中,上衣和下衣是最基本和最主要的内容,鞋、袜、帽子、头巾等是一些附属性的着装。像鞋帽之类仅在北方高寒地区别具一格,而

---

[1]周灿,赵志刚,钟小勇. 德昂族民间文化概论[M]. 昆明:云南民族出版社,2014.

在其他地区就不怎么显得重要了。特别是在广大的南方地区,由于气候环境,男女长年打赤脚是常事,多数也没有戴帽子和戴头巾的习惯,所以不具备典型性。由于汉族在历史上对礼制的重视,赋予了作为实用的衣着以丰富多彩的文化表征。

中国自周代以来,强调以礼治国。所以,衣着从周代开始日趋复杂。在民间,日常生活着便装,过节出门着新装,参加庆典着盛装,发丧出殡着丧服等。各行各业的衣着服饰,也都有自身的特殊标志或样式。尤其是在人生必经的四大礼仪——出生、成年、婚庆、丧葬礼仪上所穿着的专用服装独具传统文化特色。当婴儿出生过百日的时候,家里人要向街坊乡邻送礼,一来是为了庆祝孩子出生百天。二来是为了向大家讨寻教化涵养的问题。

在民间的日常衣着中,服装基本上是采用上衣下裳和衣裳连属两种形制交相使用的,从外观上给人一种简朴的感觉,实用、便捷。同时也是历史上相对稳定的衣着定制。其穿着的最大特色在于具有鲜明的季节性。即一年四季分别穿戴什么都成套成俗、变换有致,很少易动。通常是冬穿棉衣、夏穿单衣、春秋穿夹衣。在现实生活中,民众对不同季节穿什么衣服已经习以为常,不太理会这个因素所起的作用。但是,一旦违反了这种习惯而出现冬夏颠倒穿衣的异常,便马上会显示出其在社会生活中的反常规状态,引起人们对其违反习俗的原因进行关注、查找,设法使其回复到常规状态中来。

汉民族生活的地域分布非常广泛,由此也可以看出季节因素对衣着习俗的形成有制约作用。在清代,男子的典型衣装是长袍马褂。长袍是汉族传统服装,是一种将上衣下裳联结为一体的式样(今天一些说唱艺人还在演出时穿用)。马褂原名叫得胜服,是清初营兵所用服制,后来逐渐成为普通人穿用的便服。长袍是大襟式,马褂是对襟式。相对于长袍而言,马褂的款式显得稍多一些,有长袖的、短袖的、宽袖的、窄袖的等,都为平袖口。(马蹄袖是满族传统服装的代表性特征。)除对襟马褂外,还有大襟、琵琶襟等式样。民间多把长袍马褂作为礼服使用。袍服与马褂配用时,长袍在里马褂在外,也有在长袍外加穿马甲的,这就形成了"外短里长"的独特样式。在色彩搭配上,长袍多为浅色,而马褂则多用深色,这种上深下浅的色调形成一种上重下轻的感觉。

在清代,妇女沿用的则是明代的衣装,上穿袄、衫,下束裙,有时再加上一件较长的背心。到清后期,下裳是裤子,且衣装花样翻新、变化很快。但无论做何种变化,都没有脱离上衣下裳的形制。辛亥革命后,"中山装"曾一度被国际公认为中国男子的"国服",旗袍逐渐流行起来,尤其是被城镇妇女青睐,并占据了主导地位。旗袍不仅作为便装穿着,还被用作礼服穿用,成为既富有民族特色,又很时尚的一种女装样式。

简言之,在传统社会生活中,平民日常衣着以布为主,形制便利劳作。穿衣节俭、朴素、追求群体意识,是民间最为崇尚也最为普遍的衣着理念。还应该关注到的是,在礼制的规范下,历史上各个朝代对民间衣着用色都有严格的限制,此处不再一一叙述。

二、衣着装饰

俗话说:人要衣装,佛要金装。这句话道出了人的外观面貌与服饰装扮的密切关系。汉族也是一个爱美的民族,有着自己独特的价值取向和审美情趣,对于装饰自己也表现出殚精竭虑之能事,能佩则佩、能饰则饰,从头到脚几无缺处,形式多样、方法各异。但从总体上看,可将衣着装饰划分为两大类:一类是绣制或缝制在衣着本体上的衣饰;另一类是可挂或可戴的衣着佩饰。

衣饰是附丽在衣着之上的,是运用绣制或缝制手法对衣着进行的美化装饰,主要饰于女子衣着,所用图案多有吉祥寓意。衣饰的主要部位在衣领、袖口、裤腿儿(接在裤腿下方的附加装饰)、鞋面几处。对于衣领、袖口、裤腿儿的装饰大致有两种形制:一种是在原有衣领、袖口、裤腿儿上添加缝、绣图案装饰纹样;另一种是由衣领、袖子、裤腿本身的造型样式变化形成的装饰样式。添加的缝绣装饰以花卉图案和条纹为主,而衣领、袖子、裤腿儿本身的造型样式变化则是依据其所处时代的穿着习俗而定。由花卉图案装饰的衣着多为青年女子穿用,由条纹装饰的衣着多为中年女子穿用。对于鞋面的装饰,以绣花为主流,多数为年轻女子穿用。衣饰在礼的规范下,有着丰富的吉祥寓意。

衣着佩饰是独立的,是可佩可去的装饰物,主要用于女子衣着配搭,所用佩饰以美观为主要宗旨。衣着佩饰挂、戴的主要部位有头部、颈部、手部、腰部。头部的佩饰有簪子、头花、梳子、耳环、耳坠等;颈部的佩饰有项链、项圈等;手部有手镯、戒指等;腰部有腰带、挂件等。其中,腰带多为男子的佩饰,除去固有的佩饰作用,更多的功能是为了实用。它可以解下来铺开坐、躺,还有的将腰带缝制成空心条形袋子,可以把东西装入其中。佩饰在制作加工工艺上,一类是采用天然材料进行加工制成的,比如,玉镯、金戒指、珍珠项链等;另一类是采用人工材料进行加工制成的,比如,荷包、香囊、绳结等;还有一类是天然材料经加工后与人工材料进行连缀、缝制、镶嵌制成的,比如,香坠、挂件等。衣着佩饰在美观的前提下,同样有着丰富的吉祥寓意。

当然,在服饰载礼的历史环境中,衣着装饰也负载着"成教化"的社会功能,既会受到政治的影响,也会受到经济的制约,它是特定社会文化意识形态的一种外化物。

三、人体自身修饰

做人体自身修饰,是指通过各种方式、方法来打扮自己的一种风俗习惯,像梳理不同的发式、修面、描眉、染发、染指甲、束胸、文面、文身等,都属于人体自身修饰的内容。由于古代中国社会穿衣裳讲究道德教化的社会意义,因此民间长期沿袭着"男不露脐,女不露皮"的衣着习俗。所以,人体自身可作修饰的部位主要是在头部。对头部进行修饰的方式大致有两种:一种是依靠自然生成物进行修饰;另一种是借助脂膏等人造物进行修饰。在头部,可做修饰的自然生成物是头发和胡须。

古时候,人们不仅认为头发是一种美,而且认识到又黑又密的头发是美的基本条件。如果头发又疏又黄者,就要对头发进行一番修饰。历史上早在春秋时代就有了用假发来弥补发质缺憾的文字记载,不论男女都可使用假发来修饰自身稀疏的头发。假发的材料一种是直接取自于那些有一头浓密乌发的真人,有一种是人工仿制的"熟(丝)线练子"。头发稀疏的男女,可将假发续编于原有的真发之间,使原有稀疏的头发浓密美丽起来。至于染发的历史,更是悠久得无从考据,民间遍布着很多染发的土方法还有待于人们去发掘整理。有了一头乌黑浓密的好头发,发型自然是不成问题的,根据当时社会的审美风尚可梳理出任何一款美的样式。

如果说对成年人的头发进行修饰是为了美观,那么对儿童的头发进行修饰则是为了吉祥。对儿童头发进行修饰,主要是在婴儿期到12岁这一阶段。在民间,男童专属的发式有两种:一种发式是"小鳖尾儿",即用剃头刀剃净头上大部分头发,只留下后脑下方一小撮,历次剃头皆留此处一小撮,直到12岁才能将其剃掉。这种发式的道理取自民间"千年王八万年龟"的说法,王八即民间所指的老鳖。鳖、龟同属,都是长寿动物。在孩子头上修饰出一根"小鳖尾儿",自然是为了取长寿之意;另一种发式是"茶壶盖儿",即用剃头刀剃净头上大部分头发,只留头顶上囟门儿处的头发,形似一个茶壶盖子。这种发式的道理在于幼儿囟门一旦受凉之后极易生病,留下此处头发有避风护囟的作用。女童在头上没有专属的发式,一般都是满头留发,不剃不剪,在年纪不大时就能留出一条漂亮的大辫子。在头部,对胡须的修饰是男子的专属,也是对男子气质的一种塑造。在民间,男子对胡须的修饰十分讲究,较为典型的有:嘴巴两边分别留一撮、下唇再留一绺的山羊胡;从上唇分往两侧的"八字胡";满面留须的络腮胡;只留下唇一绺的长胡子等。蓄留何种胡须跟人的职业、性格、好恶等密切相关。

在头部,脸面是借助脂膏、铅华进行修饰的集中部位。古代中国人对颜面的修饰是十分被看重的,久经传承的对颜面进行修饰的习俗,形成了颜面尚白、以白为美的文化心理。所谓"一白遮百丑"的民间说法就是对其要旨的准确概括。专施颜面,用以直接改变面部形象的化妆品是粉、黛、胭脂等。从西汉人氏史游的记述中可以知道粉有铅粉和米粉两种,傅面可使其光洁美白。据说,三国时代的何晏脸面极白,这引起了雄杰曹孟德的猜疑,于是设法让何晏出了一身大汗,方才弄清楚何晏的白是施粉所致。可见,渊源极深的尚白习俗是不分性别的,男女皆然。白,是美的核心,那么粉就成了妆颜的基础。胭脂是令颜面美艳的,涂胭脂前一定要先扑粉,然后将胭脂施于两颊,之后,还需要再扑粉罩一次方可作罢。黛是画眉用的青黑色颜料。东汉刘熙在《释名》中说:"黛,代也,灭去眉毛,以其画代其处也。"这表明,古人画眉时需把眉毛刮掉,然后用黛再画以新眉,所画形状依各个朝代的尚好为准。

在民间,画眉的形状多为细长弯曲,有如初月。和粉、黛相比,胭脂的用处最多,可施面,可点痣,还可涂口红。"樱桃小口"是中国传统美嘴的标准,所以大嘴者涂口红时要注意略小于嘴唇方显美观。儿童少年在脸上不做粉饰,只于眉心处用胭脂或朱砂点上一个小红点,民间称为"菩萨痣"或"朱砂痣"。无论菩萨还是朱砂,都有护佑人的神力,点此痣的寓意是保佑儿童少年健康成长。

在此,关于人体自身修饰还应提到染红指甲。把指甲染红作为对手的装饰,可谓是古今皆然,从没有间断过。民间女子染指甲用的是一种植物花卉,叫指甲草,学名"凤仙花",一年生草本植物,春天种下,夏天开花。花期中花朵败着开着能持续一个夏季。花朵有红白碧紫多色,都可以采集起来用于染指甲。染时将花瓣捣碎加入少许明矾敷于指甲盖上用布包好,过一夜解下包布指甲就被染红了。过去农历七月初七牛郎织女相会之后,再用指甲草染指甲就染不红了,民间说法是织女把花瓣中美艳的红色都取走去给一年才能见上一次面的儿女染红脸蛋了。染红指甲主要是儿童少年和年轻女子们的乐事。古时女子都擅长做针线活,有了红艳艳、鲜亮亮的指甲盖,飞针走线起来就更显得灵气十足了。

四、实用的装饰佩件

俗话说:男人前头走,后面跟着女人的手。这句话道出了男人们身上漂亮的荷包佩挂都是由家中女人们巧手缝绣的。也即通过男人身上佩饰的荷包,便知他家中的女人是否心灵手巧。具有实用功能的装饰佩件是指那些可以作为装饰之用的生产工具、护身武器和日常用品。

在民间,有一种沿自上古时代的习俗,即当人们出门的时候,无论男女总是习惯在身上佩点什么方才出门。女子多为纯装饰性的首饰,而男子多为实用性的佩物。男子身上的佩物最初大多是些日常使用的器具和工具,图个出门用着方便。在汉代班固的《白虎通·衣裳》一篇中记载道:人们"佩则象其事。若农夫佩其耒耜,工匠佩其斧斤,妇人佩其铖缕"。耒耜是古时对农具的统称,斧斤是古时木匠所用的工具,铖缕是古时缝衣物用的工具。当然,随着时间的推移,佩在身上的耒耜、斧斤、铖缕等器具已与原物有了体积上的差异,只是象形而已。但人们通过这些佩物还是很容易就能识别出佩物者的职业。宋代以后,佩物种类逐步演化为一些既有实用功能又有装饰作用的佩件。这些具有实用功能的装饰佩件多为男子饰品,或系或挂在腰间。一身所佩少则三两样,多则十几样。到了明清时期,那些直接用于生产的工具和用作护身武器的佩物,绝大多数都销声匿迹了,而那些作为日常用品的装饰佩件依然在民间广泛流行。

在具有实用功能的装饰佩件中,腰带是古代男子不可或缺的佩饰物品,那些零零碎碎的小佩件就系挂在男子腰间。民间男子最常佩带的腰带有大战带和板带两种,实用兼顾美观。大战带在一年四季中皆用,尤以冬天为多,拦腰扎紧,可避免寒气贯入腰腹。大战带的长短无统一规定,一般是3~5寸宽,六尺长,在系法上很有讲究,以求美观。常采用的系法是,在腰间缠上两圈,把两端交叉一系,因带子粗,只系一棱。讲究的系法是战带在腰间缠好后,把一端塞进带子掩好,另一端从上面挽一下盖垂下来。还有更讲究的,战带两端都有3~4寸长的线穗子,系的时候先从前腰绕向后腰,再从后腰绕向前腰,随之系一 ,让两端处一部分压在腰间,而让穗子下垂,装饰感极强,煞是好看。

板带则主要是为实用而设,被普通劳动者所喜爱。板带宽3~4寸,长6~7尺,双层,上面缝有一排兜兜,可以放钱币、印章等珍贵物件,因为系于腰间,东西不易丢失。就这样,系好腰带之后,其他一些具有实用功能的日常用品就可以作为佩饰物尽兴地系挂于腰间了。像烟袋、火石火镰、扳指儿、眼镜盒子、骨质胡梳、银牙签、挖耳勺等。这些零碎物件或装进各式各样的荷包里系在腰间,或就明摆着挂在腰间。试想,男子腰间系挂着这些花花绿绿的一串玩意儿物件,该是何等的精神抖擞。据民间传说,这些小玩意儿物件还有护身的功能呢。

可以说,服饰的最初出现都是功利性质的,以实用为目的,而不是为美、为艺术的。随着岁月的流逝和社会的变迁,服饰的缘起之因被渐渐模糊了、忘却了,甚至无从追寻考证了,美学原则才成了它的标准和价值。中国历代服饰风格都是与华夏民族文化精神相统一的,迥异于别国,凝结着属于自己民族独有的人文理念,在传统社会生活中,通过衣着,人们相互之间传递出这样一个信息:我们是同一个民族的人,我们拥有一个共同的祖先。

第三节　民间传统文化中的居住

一、居民建筑

俗话说:安居乐业。这句话道出了安适的居住环境对于人们建功立业发挥着重要作用。居住与吃、穿有着相同的本质,都是人类本能文化的反映和体现。大约在一万年以前,华夏民族就已经形成了由"穴"发展而来的,以黄河流域为代表的原始窝棚建筑和由"巢"发展而来的,以长江流域为代表的原始干栏建筑。在近万年所形成的民居习俗中,包含着庞大的传统文化杆栏式建筑。北京地区四合院民居观念体系,能够鲜明地显示出中国传统社会生活文化的独特性,并强烈地影响着居于其中的人的意识行为,乃至社会组织结构。在古代,民居都是老百姓自己修建的建筑,这些建筑在理念上"天人合一",在样式上大体相近,在使用上聚族而居,是民间传统文化一处栖居的温床。

在古代中国建筑史上,无论民族多么繁杂且地域多么辽阔,因地制宜是民居建筑最大的人文特点。从地区性的自然环境来看,民间大致形成了六种建筑类型,即北方民居建筑类型、游牧民族民居建筑类型、江南民居建筑类型、中南民居建筑类型、西南民居建筑类型和岭南民居建筑类型。各种类型的建筑都与特定地区的生活要求和传统习俗紧密关联，构成了丰富多彩的民间居住文化特色。①我们仅拾取北方民居建筑类型，从建筑形式、民居陈设以及居住中的文化心理这三个方面，对民间居住文化做一些点滴介绍。

俗话说：金窝，银窝，不如自己的狗窝。这句话道出了中国人对居家的那份情有独钟。民居建筑是人们获得生存空间和安全与舒适生活条件的一个物化形态，参与民居构筑的成分有自然生态、社会环境、经济条件、文化心理、生活习俗等诸多因素，它从来都不是孤立存在的，在民居建筑逐步完善的过程中，在满足人们对"住"的物质需求前提下，也在"家"的概念上给予人们莫大的精神慰藉。

北方地区包括北京、河北、河南、山西、山东、陕西、甘肃的大部分地区以及湖北、安徽、青海、内蒙古、东北的一部分地区，这些地区的民居建筑都属于北方建筑体系，其中以北京、山西、山东、河南、陕西等地的民居较具有代表性，且以四合院、三合院的形制最为广泛。当然，四合院也是中国最具典型性的民居建筑，在部分少数民族地区也广泛流行。因为这种形制能够比较充分地体现中国传统的"礼制"精神和伦理观念。

四合院建筑的第一个特点是院落四面均有墙壁，仅有大门与外面相通。第二个特点是四合院的大门一般不开在中轴线上，而多置于东南角。第三个特点是建造房间讲究阳数，即单数，有三间一座、五间一座、七间一座。第四个特点是按南北中轴线分布房屋，以北面正中那间堂屋为轴心，向左右延展房间，构成三间一座、五间一座等的建筑布局。坐落在轴心上的堂屋不住人，是家庭会客、举行各种礼仪活动的场所。在堂屋左右的房间是正房，为长辈居住，分列在东西两侧的房屋叫厢房，为晚辈居住。正房左右两侧

①滕爱云.民间文化视域下的哈代小说研究[M].天津：南开大学出版社，2016.

附设耳房,做厨、厕之用。建筑形制是正房高于侧房。第五个特点是受"礼制"约束,屋顶用灰青色,墙面用灰或灰白色,仅有大门、窗户几处施以彩色。一般情况下,普通人家盖浅房窄院,房间的宽度一般为九尺、九尺五寸、一丈;富裕人家建深宅大院,可在中轴线上向纵深发展为二进院、三进院;穷苦人家就只能是搭建三间茅草屋艰难度日了。富裕人家在四合院的建筑装饰上也是很下功夫的:门墩界石、大门二门门楣、门内正面影壁墙、山墙边缘、屋脊、墀头等处都用石雕或砖雕进行装饰;院内四周有回廊环绕;屋内门、窗、隔扇、罩栏等处用木雕吉祥纹样加以美化;庭院内种植花木、陈设盆景等,使一座封闭的院落雅致而又不失生机盎然。

窑洞式建筑也是北方地区分布较为广泛的一种民居形式,以河南、山西、陕西、甘肃等黄土丘陵地区最为普遍。窑洞民居主要有三种建筑形式:一种是靠崖窑,也叫明窑。这种窑洞是选择天然崖壁或岭的断面,向壁面土层纵深处掏挖横穴,并在洞窑内部加砌砖石拱券,外窑口处再修砌"窑脸"护壁,一座窑洞就建成了。这种明窑可以数窑相连,还可以在窑外建房修院,院落亦为四合院布局,叫做靠崖窑院;另一种是地坑窑院,也叫暗窑。这种窑洞是在平坦的黄土塬上往下挖出一个长宽3~4丈、深约三丈的方形土坑,造成四壁人工崖面的院坑。然后再在院坑四个壁面上纵深掏挖横穴,内部也加砌砖石拱券,外窑口也修砌"窑脸"护壁。这种暗窑可以独门独户居住,也能数家同院,还可以几个地坑院打隧道使数坑相连,住上数十户人家;最后一种是锢窑。这种窑不是从土层中挖出来的,而是全靠人工在地面上垒起来的,是用砖石或土坯在地面上建造的一层或两层拱券式房屋。因其不用梁檩椽等木材,外部没有屋盖,内部和窑洞一样,所以叫做锢窑。锢窑可以数间一座,也可以数座锢窑围成一个四合院,叫做锢窑院。不论哪种窑洞式建筑,只要养护得当,可以使用上百年不垮不坏。

另外，在北方的乡村中，普通民居建筑均采取就地取材的方法，即实用又省工本。取坐北朝南的朝向，取阳数以三间为基础，取四合院、三合院、二合院的形制，墙壁厚实，装饰较少，因为材料的变化而形成各地区的民居建筑特色。

二、居民陈设

俗话说：没有规矩，不成方圆。这句话道出了中国人对规矩的倚仗心理。汉族地区的民居陈设比较讲究规矩，什么物品该置于何处、何处应该置放什么物品，都有一定的规矩，甚至是走廊上放个农具都得注意其形状与放置的方位。民间居住环境的陈设和用于这种陈设方式的各类物品，比较集中地体现了民间传统文化的求吉特征。同时，用于陈设的各类物品，也是民间美术的工艺手法、题材观念与审美品格的具体展现。各种各样的家具以及室内装饰物品，是构成居住陈设方式的主要元素，而居住陈设方式则构成了居住的文化氛围，并在日常生活中影响着人们的审美习俗和文化心理。

在民间，无论城镇还是乡村，室内陈设的中心部位均在堂屋，即正房正中间的堂屋，也叫明间。因为，在采光方面堂屋多设全敞式的多扇大门或大窗采光，而两侧的正房则以齐胸的棂格窗采光，所以，在总体上较明显地呈现出"明堂暗屋"的格局。堂屋是整个住宅的中心，除了不住人以外，家庭议事、祭神祀祖、婚丧礼仪、寿诞庆典等活动都在堂屋举行，集多种功能于一身，其室内形成了一套程式化的陈设模式：对着堂屋大门，靠后墙正中放置一个约六尺长、一尺半宽、比桌子稍高的条几，不能放偏。条几正中之前放置一张大方桌，桌子左右两边各摆放一把太师椅或圈椅。这一几一桌双椅是一套固定的模式。此外，再沿左右两侧墙壁放置数把椅子，在门内的一侧墙边放置衣架和脸盆架等。条几中央摆放有"天地君亲师"的神位及祭祀用的香炉。天地为自然之神灵；君为国家最高统治者；亲为父母祖宗；师为敬师如父母(古代中国有"一日之师终身为父"的传统理念)。中央的两边放有瓷器、花瓶、笔筒墨盒之类，代表着"耕读人家""进出平安""平安富贵"等吉祥寓意。富裕人家还会在条几两头配置两个小巧玲珑的几柜，放些钥匙、药品、图章之类的小东西。条几上方的墙面正中悬挂着中堂画，两边配有对联。画和对联的题材都含有迎福纳吉的美好寓意。左右两侧墙上悬挂四扇屏画轴，题材依主人兴趣而定。方桌上一般只摆放茶具。这套堂屋的陈设模式在汉族地区广泛流行，即便是贫寒人家购置不起这套木制家具，也要用土坯垒起一条泥条几，前面放一张桌子，以示不违背风俗。堂屋的陈设融会民族文化精神于普通家庭生活之中，是一间被神圣化了的厅堂，也是一块增强亲缘内聚力的磁场。

卧房的陈设与堂屋不同，其总体布局多以幽静、隐秘而自在的方式为特点。床是卧房里最主要的摆设，还配有衣柜、箱子等家具。根据各家经济状况有繁有简。民间的床形式多样，有竹床、木床、火炕等。其中以木床的造型花样品种为最多，工艺制作也是最精良的。但无论什么样的床，在民间都流行着"床不离七"的风俗，即长宽高的尺寸中不能没有七这个数字。如长五尺七、宽二尺七或三尺七，高一尺七等，意取"七"与"妻"的谐音"床不离妻"。有妻人生才有伴侣，才有家的温暖与兴旺。在各地，关于床头的摆放朝向有不尽相同的风俗，也有一些因忌讳而导致的共同原则。究其原因，多数是为了有利健康和便利采光，同时也表现出人们避害祈祥的心理观念。

在民居陈设中，其他用房往往都因实用、安全而摆设，但对于炉灶口的朝向、墙壁上的挂件以及生活器具的放置等也有相当的讲究，其实此一番中也包含着极通俗又极智慧的生活道理。

三、居住中的文化心理

俗话说：宁可信其有，不可信其无。这句话道出了民间信仰习俗的基本原则和心理。在古代中国社会生活中，民间把盖房与娶妻、为老人送葬看作是家庭生活的三件大事。盖房是立家之根本，关系着日后子孙后代的兴衰福祸，是慎之又慎的大事。所以，为了生存需要，"天人合一"的哲学思想被民间强大的实用原则转换成"天人感应"的神秘文化功利在居住建筑中随处可见。为了安居乐业，人们宁肯信其有、不肯信其无。

俗话说：一年盖房，十年备料。在古代，土木结构是民居建筑的主要形式。所以木料是建房备料中的重中之重。在选择木料的时候，除了讲究木材质地之外，极为看重树名与吉祥寓意的谐音，以避害趋利。比如，在黄河流域，民间惯用枣木作脊檩，用榆木做房梁。因"枣脊榆梁"与"早积余粮"的美好愿望谐音，再加上用杏木作门板，其双重暗喻就是"早积余粮幸福门开"。另外，像椿树、杉树、松树、柳树等，也是建房选用的好木材。选定木料后，在砍伐树木之前要用红纸写上"量材使用，人丁兴旺"等吉祥祝词和伐树日期，贴在树身上预先告知管树的树神，以表尊重之意。备好料后就要审慎地选择建房地点了。

民间建宅讲究"风水"，又称"堪舆"，是古代一种相地之术。古人们把天体运行、宅地方位与人事相对应，认为地理环境、山川形势与人的吉凶祸福乃至子孙后代的命运前程息息相关。盖房如楔钉，一旦盖成便不易改动。所以建宅之前必须先请阴阳先生看风水，即民间所说的"相宅"。之后才敢破土动工。当然，破土动工的时间也有讲究，俗称"看好儿"，即重大行动都要择吉日而后行。民间有俗话说：办事不看好，成败神不保。在建宅过程中，奠基、上梁、叠脊是三个最受重视的环节，都要举行一定的仪式来祝吉纳祥。奠基是在正式破土动工时举行的一种仪式，这种习俗源自于上古时期杀牲祭祀的遗风,用以祈求房屋的安全稳固。

上梁是建宅全过程中最为重要的内容之一,因为梁是整座屋顶的基础支撑物,所以人们对上梁这一建筑环节极为重视,要为上梁举行隆重的仪式进行祭祀和庆贺。在上梁这天,民间有"有钱难买水浇梁"的说法。因为土木结构的房屋最怕火灾,若有雨水先浇了房梁是得神灵相助,从此就把火灾镇住了。所以,上梁这天若天不下雨也要人为地往梁上浇水,以取吉兆。同时,水在民间又是钱财的象征,淋过了水的房梁会使家人平安富足地过日子。在许多地区,上梁仪式的规模都会超过建宅落成仪式的规模。叠脊则标志着建宅的大工程至此完成。房脊为整个房子的最高处,犹如人的脊梁骨一样至关重要。同时,脊叠得质量好坏会直接影响到整个屋顶的严实程度。如果脊叠得质量不好会使房屋透风漏雨,很快坏损。因此,当叠脊开始这天要举行叠脊礼,一为祈求神灵保佑。二为感激建宅工匠。三为将来家中能出人才。它是一次祈福免祸的祝吉活动。

当新宅落成之后,乔迁新居便成了亲友邻里之间的一桩大喜事。在搬迁之前,民间都要预选一个良辰吉日,即"看好儿"。一般会选在月初,因为月初正值月亮上升之时,而"月上"与"越上"谐音,取个"吉利发家"的美意。在传统社会生活中,一家建宅是全村人以及亲友间的一件大事,因此会形成一次综合性的社会活动。一家建宅,全村及亲友都会来出力帮忙,主人不需付给工钱,只以茶饭招待他们。因故不能参加整个建筑工程的亲友邻里,也会获悉赶来参加奠基、上梁和乔迁新居的庆贺活动。在乔迁之日,主人要盛情款待亲邻客人,不仅设宴招待,还要举行各种仪式和娱乐活动。而前来贺迁的亲邻则会根据各自的经济条件为新居的主人送上一份贺礼。贺礼有吃、有喝、有用、有对联、有中堂画、有匾额等,俗称"暖房""燎锅底"。民间把搬新居叫做"乔迁之喜",真可谓热闹祥和,喜气洋洋。

在民间的民居建筑史上,居住中的民间传统文化观念从来都不把建筑宅居孤立地作为艺术欣赏,而是把居住与人事、社会和自然合为一体,人事、社会和自然可以融洽地反映在任何样式、尺度的居住空间里。简单地说,"家(房舍)"就是夫的代表,"室(房间)"就是妻的代表,"家室"合为"夫妻"。"高堂(高居的堂屋)"就是父母的代表。"廷(院子)"就是中央集权的代表。"宇(屋檐)""宙(出入于屋宇)",宇宙合为整个世界。从个人而家庭,从家庭而社会,从社会而天下,让中国社会"家国同构"的传统礼制制度体现于其中,使建筑成为一种工具,也是一种象征;既是一个物化的具象形态,也是一个文化的抽象形态。它既不为艺术,也不为科学,一直保留着原始的、纯朴的人本精神,为了生活而存在。与宫殿建筑和庙宇建筑相比,民居虽然多是些浅房窄院,却给予了百姓生活以安之若素的一隅。

第二章　中国民间传统文化中的精神文化

第一节　民间传统文化中的礼仪文化

礼仪,是一个人、一个组织、一个民族乃至一个国家内在精神文明素养的一种展示。拥有悠久文明传统的华夏民族,自古以来就被世人誉为"礼仪之邦"。礼贯穿于华夏民族的各个历史时期,渗透在古代社会生活的各个层面,其无时不在、无处不有的持久性与宽泛性,对古代中国的社会意识形态一直产生着极为重大的影响。民间有句俗话说:礼多人不怪。遵礼、重礼、守礼、行礼,早已成为古代中国国民的优良传统,从而形成了中国人谦逊友善、彬彬有礼的整体民族风貌。①

礼仪,是古代中国社会为了维系社会正常生活秩序,而要求人们共同遵循的一种行为规范,在传统汉代双阙迎谒画像石社会生活中,它既表现为外在的行为方式:礼貌、仪节;又表现为更深层次的精神内涵:道德、修养。围绕着礼仪道德,前哲先贤有过许多深刻的思想成果,提出了一系列持之有故、言必有中的理论体系,在漫长的封建社会里,逐渐发展形成了内容十分宽泛的传统礼仪道德领域,几乎无所不包、无所不涉。诸如尊道贵德、律己修身、仁爱孝悌、敬老爱幼、尊师重教、诚信修睦、精忠报国、天下为公、以义制利、自强不息等内容,无疑已是华夏民族传统文化的精华所在。为

---

① 杨立欣. 滦南民间文化概览[M]. 北京:团结出版社,2016.

避免叙述中的挂一漏万在此处仅就部分地区民间所通行的日常生活中的礼仪习俗作为审视的主体，以此折射出些微的民间传统礼仪习俗的一斑。

一、礼仪概说

论述传统礼仪，必须涉及经学、礼学、儒学等颇为庞大的课题，这是一门博大精深的学问。孔子就曾告诫人们："毋轻议礼。"然而，"礼由人起"又是中的之言。从本质上讲，人是社会性的动物，每个人都属于某一个群体，处于某一种社会形态之中，当人生的各种欲望使人与人之间产生纷争而达到不能平复的地步，就会引起社会动乱。为了使人与人之间既相互依赖又相互制约，以建立起必要的生活秩序，便需要礼的束缚和调节。于是，礼要求人们应该遵守的道德、规范乃至法则也便应运而生了。我们在这里就对礼仪的含义与源流、礼仪的基本原则以及礼仪的文化功能三个方面，做简明介绍。

（一）礼仪的含义与源流

"礼仪"一词，由"礼"和"仪"组成。在古代文献中，"礼"常常单独出现，尤其是在先秦的典籍中，"礼"几乎是一种无所不包的社会生活总规范。诸如礼容、礼节、礼待、礼器、礼仪、礼物、礼制、礼法、礼治、礼教、礼俗、礼经、礼学等，内容丰富。因此，对"礼仪"的理解必须先从"礼"字入手。

依据训诂学的解释："礼，履也。所以事神致福也。从示从豊，豊亦声。"这一解释说明了礼的两个要点：一为礼是行动的准则，礼履二字音近，履是践履，也就是行动。这一点说明，古人历来就视礼为人们的行为规范。二为礼与祭祀鬼神有关，据考证，甲骨文里就有豊字。豊是一种祭祀鬼神的礼器，边上加示，示在古代指神祇。这一点说明，禮与敬神有关，古已有之。也即从敬神的基础上引申到敬人,礼就有了人际交往的含义。

把古人对"礼"的理解归纳起来,大致包含五个基本内容:其一,礼就是治国的大纲和根本;其二,礼就是理,是天经地义的法则;其三,礼就是对人的尊敬和礼貌;其四,礼就是礼尚往来的礼物;其五,礼就是为表示隆重敬意而举行的仪典、仪式。除了这五种基本含义之外,"礼"在历史上还有其他一些理解,从而引发出涉及范围很广的其他含义,此处不再逐一介绍。

在历史上,古人对"仪"的理解与"礼"十分相近,在较多的情况下往往是礼、仪不分,把它们当作一回事来看待。归纳古人对"仪"的理解,大致也包含着五个基本内容:其一,仪是指国家政治的制度、法律、准则;其二,仪是指礼节、规矩;其三,仪是指仪式、仪典、仪礼;其四,仪是指举止、风度;其五,仪是指不同仪式上赠送的礼物。经过比较,"礼"和"仪"的相近之处一目了然,它们是一种内在精神实质与外在表现形式互为表里的生存方式。正是因为如此,古人把这两个字连用为"礼仪"一词,在古代典籍中频繁使用。

综上所述,礼仪在古代中国有广义和狭义之分。广义的礼仪,几乎是无所不包,典章制度、朝政法规、生活方式、伦理风范、治国之本、做人本分等统统包含其中;而狭义的礼仪,则主要指向为维护正常社会秩序而逐渐形成的一系列行为规范,主要包括各种仪式的规则,人际交往中的礼节、礼貌,符合社会准则的行为方式等。当然,在全面实践这些行为举止的同时,必然也将涉及人的精神文化修养。

礼仪的源流,可以追溯到原始社会。由于原始社会时期人类对自然力的盲目崇拜,促成了原始宗教的出现。人们运用"万物有灵"观构想出一种超越自然的力量,即鬼神。原始人认为,是鬼神的力量使得大自然变幻莫测,那么,人类社会的所有现象也都是在鬼神的主宰之下得以出现。所以,人们要想获得平安就要向鬼神求取福佑,要想趋吉避凶就必须祭祀鬼神。人们以自己的好尚设想鬼神的喜好,在宗教祭祀活动中通过一定的程序,将最好的食物奉献给鬼神。久而久之,这种祭祀程序形成隆重的仪式。于是,礼仪便随着原始宗教的兴盛而萌芽了。而"万物有灵"观使原始宗教呈现为多种崇拜,多种崇拜又使原始礼仪的内容渐趋丰富,成为后世烦琐礼仪制度的基础。在原始礼仪基础上,后世的礼仪制度根据不同的社会需要,把礼的仪制分为人与神、人与鬼、人与人的三大主题。

正如《荀子》所言:"礼有三本",即"天地者生之本"。这是指人与神之间的关系;"先祖者类之本",这是指人与鬼之间的关系;"君师者治之本",这是指人与人之间的关系。这其中把礼推广及人的过程,是私有制和私有观念出现之后的事情。私有制和私有观念的出现,极大地动摇了原始先民之间平等和谐的人际关系,使人与人之间的各种利益纷争随之而起,错综复杂。在这种情况下,社会要求必须得有一套礼仪规范,针对人的行为、欲望加以约束,以维护社会的稳定与发展。由此,夏王朝建立之后;国家的产生和阶级关系的复杂化,使礼的中心内容从原始社会时期的祭祀鬼神以趋吉避凶,演变为奴隶社会用以调整人们社会关系的行为准则。

在奴隶制社会里,礼发展到周代而大备,礼不仅成为统治阶级内部调整关系和规范行为的准绳,也是奴隶制社会一切制度的基石和出发点。在周代礼仪制度的确立过程中,周公姬旦起了重大作用。周公在古礼的基础上建立起一套以维护奴隶主贵族等级为核心的礼制制度。在这套礼制制度下,统治阶级内部分成天子、诸侯、卿大夫、士这四个等级,等级之间的政治权力、经济特权、社会地位有着很大的差异,而且这种差异世代承袭、不可逾越。在这个森严的等级结构中,社会的秩序处于一个超常稳定的系统中。这一时期的礼,主要局限在上层社会,并非社会上所有人等都能享受得到礼遇,只有贵族成员才有资格依礼行事,受礼约束。而处在社会下层的民众只能受到刑法的制御,服从严刑惩罚下的残酷统治。这也正是所谓奴隶制社会"刑不上大夫,礼不下庶人"的现实写照。

到了春秋时代,奴隶制度全面动摇,森严的等级制度也随之崩溃,用以维系等级制度的礼制同时呈现出大变革的局面。社会动荡使社会成员的身份、地位发生了交叉混淆,一部分贵族沦落为平民,一部分平民升为贵族。这种人员的对流引起了文化的对流,而这种对流的汇聚点则在于私学。当时,儒学的创始人孔子,奉行"有教无类"的原则,向社会各阶层人士敞开学校的大门,成为私学的倡导者和兴办者。在孔子的学生中,有农、有商、有武士、有贵族,基本上涵括了社会的各个层面。由此,私学成为社会上最主要的习礼场所。

私学的兴盛,打破了奴隶制"礼不下庶人"的界限,使礼开始从庙堂之上向草野四处流布,促使了全社会对知礼、遵礼、守礼、重礼、行礼良好风习的养成。又经孔孟弟子及一些儒学大师的努力,在战国时期,三部礼学专著:《周礼》《礼记》《仪礼》成书面世,被世人尊为"礼经"。自汉而后,历代封建王朝都十分重视利用礼仪制度来稳定社会秩序,强化统治地位。也正是由于历代统治者对礼制的重视和大力推行,使礼对社会生活的渗透度更深更广。

自春秋时代礼学下移之后,身处社会底层的普通民众也接触到了礼仪,使礼成了人们立身处世、待人接物的准则。在传统社会生活中,每一个社会成员都要接受礼的约束,依礼行事。在家庭关系中,有父子之礼、兄弟之礼、夫妻之礼、婆媳之礼;在社会交往中,有朋友之礼、师生之礼、尊老之礼、邻里之礼;在饮食中,有饮食之礼;在服饰中,有服饰之礼;在居住处,有居住之礼;在每个人的成长历程中,有成年礼、婚礼、丧礼等。可以说,礼是人一生中不可缺少的组成部分,在社会生活的各个领域都能觅到礼的踪迹。礼在民间,被广大人民群众赋予了很多积极因素,也从各个方面丰富了礼的内容。比如,尊老爱幼、尊师重教、邻里友爱、宾至如归等民间礼俗,已成为华夏民族自古到今所赞誉、所发扬的传统美德,也是华夏民族在历经重重磨难之后,乃得以凝聚、发展的重要因素。同时,也是华夏民族传承下来的一份宝贵的精神文化遗产。

(二)礼仪的基本原则

在古代中国社会中,礼仪成为一种被人们普遍践行的行为规范,是受其背后的指导思想去支配的,这种指导思想所依据的基本原则是有序原则、适度原则、道德原则和审美原则。

人类社会是一个群体社会,许多人在一起进行生产和生活活动,就必须建立起必要的秩序,没有秩序或秩序失衡,都会导致社会的动荡不安。因此,有序是礼仪所要依据的首要原则。这个道理浅显得就像在棋盘上下棋一样,每一种棋都有它特定的游戏规则,人们只要认可并遵循这种规则,那么,棋盘上的各种对弈活动都可以井然有序地展开并进行下去,其结局也会是被人们认同并接受的。如果有人破坏了游戏规则,则整盘棋就会乱套。由此推而广之,人们在社会的各种生产和生活活动中,要想让人与人之间相安无事,就得建立起一种正常的秩序,把人分为若干个等级,并用一种大家能够认同的行为规范来约束自己,使每一个人都能够明确各自身份所具有的职能,各就各位,各司其职。如果人人都可以遵循这样一种社会规范,那么,整个社会中的各种生产和生活活动就会拥有一个井然有序的和谐环境。应该明确,这种礼仪中的等级区分,不是划分人格上的不平等,而是区分职能上的差异。礼仪作为一种行为规范,不讲区分等级差异,就无法实现和谐有序,而讲等级的目的只是保持符合社会要求的和谐秩序。制订任何行为规范的根本目的也都是使社会秩序井井有条,所以,制订或践行礼仪的根本原则就是有序。

任何一种规范都会有利有弊,俗话说:众口难调,就很切实际地说出了这层意思。礼仪为使社会正常有序,把人分成了许多等级,不同的等级有不同的待遇和不同的权力。这种情况一旦过分,就会引起人与人之间的对立情绪,同样不利于社会局势的安定团结。因此,礼仪的合理性和实用性必须符合事物的客观规律,必须使与此相关的群体人员都能满意或大多数人员基本满意。这样,权衡利弊,尽可能地扩大利,缩小弊,使其恰到好处,以利社会整体的进步,这就是适度。儒学对于适度原则有着深刻的见解,提出了"和""中""让"等力求适度的有效主张。

《论语·学而》就明确指出:"有子曰:'礼之用,和为贵。'"可见,"和"是对"分"的一种制约和完善,用以防止"分"走向一偏而导致破裂,进而促成各种社会动乱。"中"也是儒学提出来的一种切合实际的具有辩证法因素的合理主张。《礼记·仲尼燕居》说:"礼乎礼!夫礼所以制中也。"孔子的这一席话说白了,就是一方面要坚持规范;另一方面又不可过于偏执,要在矛盾双方之间寻找一个联结点,让双方都向对方靠拢,以求得对立双方的平衡。也就是说,适度可以使事物符合客观规律,这对于处理各种矛盾事物都具有实用价值。

要落实凡事适度的原则,在礼仪的实际应用中是至关重要的,但也是最不容易把握的一个难点。因此,如果"制中"失误,就会引发矛盾激化。那么,"让"就是一个妥帖平复矛盾的良方,即众所周知的礼让。《论语·里仁》说:"能以礼让为国乎,何有?不能以礼让为国,如礼何?"孔子认为,礼让的核心就是以大局为重。通过礼让解决争端、化解矛盾,有利于保持社会秩序的稳定性。小则家庭、家族亲善、朋友邻里和睦,大则涉及民族、国家整体安宁。在历史名剧《将相和》中,丞相蔺相如以大局为重,对老将廉颇的一再挑衅有原则地一让再让,而最终促成将相两人结为至死不渝的好朋友,使国家安全得到了有力的保障，就是一个典型的例证。当然，让，是在适度范围之内的礼让，而过度的让则是无能与懦弱的体现，不属于礼让所涉及的问题。总之，儒学所主张的"和""中""让"，归根结底是为了使礼仪规范能够适度，这样才可使礼仪在社会生产和生活活动中得以切实地贯彻施用。适度是辩证的，一旦过了度，也就无所谓适度原则了。

要使有序原则和适度原则在礼仪的制订和践行中获得良好的社会成效，不能不涉及人的内心修养和价值观念。可以说，礼仪与道德的界限是很难划分清楚的，它们互为表里、密不可分，礼仪的制订和践行必须以道德原则为前提。儒学对于礼仪的道德原则做出过很好的总结，即"仁""敬"二字。《论语·颜渊》说："樊迟问仁，子曰：爱人。"在此，孔子明确提出了仁就是爱别人这样一个观点。《论语》中谈到"仁"的地方多达一百零四次之多。孔子的学生们一次次地向他请教，他每问必答，但每次都没有说出"仁"的完整概念，却从不同角度把"仁"的含义表述得极其丰厚。除了"爱人"之外，还有忠恕之道、推己及人、恻隐之心、辞让之心、宽厚待人、博施济众等，赋予"仁"以许多伦理道德内容，使"仁"成为礼仪的精神内涵和心理基础。

而"敬"则被用在了《礼记·曲礼上》这本礼仪经典开宗明义的第一句话上："毋不敬"。可见"敬"在礼仪中的重要地位。《孟子·离娄下》说："君子以仁存心，以礼存心。仁者爱人，有礼者敬人。爱人者，人恒爱之；敬人者，人恒敬之。"孟子所说的"敬人者，人恒敬之"在民间几乎成了协调人际关系的至理名言，民谚"敬人自敬自，欺人自欺自""人敬我一尺，我敬人一丈"等所说的都是这个道理。真诚的、表里合一的"敬"，在古代中国社会几千年的礼仪践行中，是一惯的、普遍的道德操守，而不是偶然的、暂时的行为表现。如果没有道德原则做前提，礼仪就会失去其存在的实质性价值和意义,而成为一个由繁文缛节编造的华丽空壳。

在礼仪规范已大致被群体成员认同的基础上,人们对礼仪行为的美的追求也自然而然地伴随其中。诸如仪式环境的布置、礼仪中的服饰打扮、礼仪交际的言谈举止等,都体现着人们对美的追求,也表现出人们审美情趣的品位或习俗,同时也是礼仪的基本原则之一,并以此达到更为融洽的情感交流,也是向人际交往的更高层面的一种推进。礼仪的制订和践行不是艺术活动,但也毋庸置疑,其中包含着艺术的因素。如果忽略了审美原则,礼仪将在法律、法规面前黯然失色。

(三)礼仪的文化功能

在民间,礼仪是一种规范社会生活事项的文化,它得以在千百年来的社会生活中长期存在,世代传承,就一定具有满足人们某些需要的某些功能。从社会学的角度来看,礼仪既然是用以维系社会正常生活秩序的、为群体人员所共同遵循的一种行为规范,那么,礼仪必然对社会生活发挥着维系功能、调节功能和教育功能。

1.从礼仪所依据的有序适度和道德原则中可以看出,礼仪在社会生活中最为显著的文化功能就在于维系。没有礼仪的社会生活会乱作一团,丧失正常的社会秩序,使各种群体组织随时面对崩溃的威胁。而当群体人员能够认同一定的行为规范,即礼仪之后,社会生活就能够逐渐纳入有序的轨道,使人与人之间形成正常的交往和协作关系,进而保证社会稳定健康的运行发展。这其中,礼仪所发挥的维系功能是显而易见的。在传统社会生活里,这种维系功能是以家庭关系为出发点的。儒学说礼,一向强调先要"齐家"。"礼经"的种种论述都表明了一个观点,即维系家庭的稳固是维系社会稳定的前提。礼仪的许多规范都在教人如何处理夫妻关系、父子关系、兄弟关系,其要旨就是为了稳固家庭关系,不让家庭遭到破裂。说到底,是为了维系社会大环境的稳定。在家庭稳固的基础上,儒学又进一步将家庭中的人际关系推及社会领域,引导人去爱所有的人,尊敬所有的人。以此强调上下有序,长幼有序,男女有别等,来扩展礼仪的内容。在民间,经过几千年的传承发展,礼仪作为群体性的行为规范,被长期积淀在民众心灵深处,已经成为一种人们认同自己所属集团的标志和民族的标志。可见,礼仪的维系功能在个体与群体、群体与群体之间具有一股不容忽视的向心力和凝聚力。

2.从礼仪所依据的有序、适度、道德和审美原则中不难发现,礼仪在社会生活的许多方面都发挥着特殊的调节功能。比如,礼仪可以适度地抑制人们对于物质利益的无限追求,以协调人们不断增长的欲望与有限的物质资源之间的矛盾。像古代社会住房的高低、大小,服饰的颜色、样式,乘坐轿车的规格等,都划分有不同等级的礼制规范。人们根据自己的名分依循礼制行事,不得僭越,让人们心安理得地接受礼制对于物欲的限制。礼仪还可以指导或纠正人们在社会交际中的行为方式,包括人的体态仪表和谈吐措辞,帮助人们塑造良好的社交形象,来辅助人们达到协调人际关系的目的。

其实,在社会交际活动中,一个人的社交形象如何,会直接影响社会交际活动的成功与否,这种事例不胜枚举。特别是当人与人之间出现裂痕的时候,良好而得体的礼仪可以调理、弥合这种裂痕。在民间礼俗中,借助于恰当的时机,像春节拜年、寿庆贺礼、婚礼贺喜等,送上一份恰当的礼物来化解主客双方心中的积怨,拉近被疏远了的人际关系。事实证明,礼仪的调节功能会在顷刻间使矛盾双方化干戈为玉帛,其实效性是十分显著的。当然,礼貌、礼物都不过是一种外在的行为方式,推己及人、以己度人的忠恕之道,才是一种内在的道德修养,是礼仪追求的目标实质。这种追求将道德修养渗透于人的血肉,使人际关系得到更为理想的调节,从而让生活环境和谐有序。

3.礼仪的教育功能历来备受全社会的重视。因为礼仪主要是通过示范、灌输、评价、劝阻等教育方式,来要求人们自觉践行社会所倡导的行为规范的,其本身带有一定程度的强制性,但更重自律性。比如,孝顺父母、尊敬长辈,是传统礼仪中一个十分重要的内容。这个内容之所以能够形成一种传统美德,就得益于长期不懈的教育手段。首先,学校教育非常直接地向学生们灌输着"孝顺"和"尊敬"这样一些道德修养的道理,从《三字经》到四书五经都离不开这些内容,只要读书,就得学习;其次,家庭教育非常注重言传身教,父母的孝行直观地为子女晚辈们做出了孝顺老人、尊敬长辈的榜样。这种潜移默化的熏陶,使子女晚辈们从幼年时就自觉不自觉地模仿着前一代人的踪迹成长;最后,全社会所形成的良好风尚,也会在每一个人的心灵深处留下深刻印记。诸如每当出现不孝顺父母或不尊敬老人的行为时,立即会遭到全社会的舆论谴责,使这种行为成为众矢之的。这对于没有犯错误的人来说,也是一种现行说法的教育。耳濡目染,就会促使每一个社会成员都形成善恶是非的价值判断定势。由此可见,礼仪的推行过程,其本身也是一个全民性的教育普及过程。

在几千年的传统社会生活中,对于任何礼仪的传承都不仅仅表现为外在的行为方式,其中也必然地体现出行为主体的道德修养和自我追求,而促使着礼仪深入广泛地渗透在社会的各个层面,推动着全社会道德水准的普遍提高,在这个整体提升的过程中,礼仪的文化功能得到了充分的体现。

"礼多人不怪""千错万错,赔礼勿错""老实人,人合人""人要心好,树要根牢""铜钿要用尽,人情值千金""礼轻人情重""与人方便,与己方便""宁伸扶人手,莫开陷人口"……这些千百年来在人们口耳之间广为流传的民间谚语,对"礼仪"做出了最好的注脚。

民间百姓普遍认为，能够爱护他人、关心他人、帮助他人是美德；当他人遇到灾难和挫折的时候，自己能及时给他人送去温暖是美德；自己的言行举止要为周围的人着想，不以自己言行给他人增添麻烦或使他人感觉不愉快是美德；当与他人发生纠葛或冲突的时候，总是严于责己、体谅他人，设身处地为他人着想是美德……凡此种种，都是千百年来民间所遵从的礼仪规范。

二、民间传统文化中的家庭礼仪

在古代中国社会中，人们非常重视家族组织的亲属关系，有许多家庭是累世同居的大家庭，即使是已经分家的家庭，也保持着聚族而居的习俗。这样，家庭、家族中的成员要想和睦相处，井然有序，就必须明确家庭成员各自的名分及其在家庭中的特定位置，并且制订出他们之间相互交往时各自必须遵循的一系列行为规范，以确保家庭、家族生活的稳固发展和正常运行。这些家庭、家族生活中的规矩、规范、准则，即家庭内部的礼仪。

传统家礼有尊老爱幼、和睦相处、互谅互让、相濡以沫等优良传统，其具体行为规范的内容既丰富又庞杂，在此大致上把家礼分成父子之礼、夫妻之礼、兄弟之礼和闺媛之礼四个部分，进行简要介绍。

（一）父子之礼

在传统社会中，家庭关系之所以稳定，父母与子女这两代人之间的血缘关系是极其重要的因素。历史上把这两代人之间的礼仪称为"父子之礼"。父子之礼主要包含两个方面，一是子女对父母要尽孝道。二是父母对子女要慈、严、教。这两个方面，民间更为注重的是孝道。传统家庭礼仪对子女的行为有种种约束，归纳起来大致有三个方面的内容。

1.尊重父母，顺从父母。在传统家庭中，家长一般由父亲或祖父担任。家长或父母在，家中小辈凡事均不能擅自做主，凡事一概需要向家长或父母请示。子女晚辈对父母或长辈讲话时要体态端正，言辞不能粗声恶气，更不能手舞足蹈或指手画脚，需语调和缓。父母在家，平时子女们若是外出时必须先告知父母，外出回来之后要先见父母，尤其是远行归来，若是捎回稀罕东西，要让父母、长辈先过目之后，才可收存或分发他人。对于父母吩咐的事情要用心记下，妥善照办。父母有了过错。子女们不能指责，只能耐心地劝说。随父母出门走路时，要紧紧跟在父母的身后，不能因为自己年轻就跑到前头，若长辈需要搀扶，应谨慎侍奉。

2.让父母吃好、穿好、住好。在日常三餐中，对于年事已高或体弱的父母，子女们为其准备的一日三餐是另做的。另做的内容随各家具体经济状况而定：在生活艰难的日子里，另做就以让父母吃饱为内容；在生活稍好的日子里，另做就以让父母吃好为内容；在生活富裕的日子里，另做就以让父母吃可口为内容。逢年过节，家里做了好吃的食物，摆供敬过神灵和祖先之后，第一口要由父母和长辈先吃；其次才是子女晚辈。平时偶尔改善生活的时候，也是要让尊长先尝，然后才是子女晚辈享用。让父母穿好的内容主要是指干净、暖和、实用。当然，如果家境允许，为父母或长辈添几件上乘衣料的服装，也是受邻里夸赞的好事情。在家中住室的分配上，要让父母或家中长者住正房，住最好的房间，子女只能住偏房、厢房，不可僭越。在汉族地区的民居中，正房指的是三间北屋，中间一间是堂屋，不住人。按照家礼，父母或家中长者一定要住在堂屋的东边一间里，很少住西间。民间传统文化观念认为，东边是日出之处，是一个吉祥的方位，所以要让父母或家中长者住在正房的东边一间。

在传统家庭礼仪中，对父母一方的规范要求，则主要体现在慈和严、教两个方面。慈，是指父母对子女的慈爱。民间用"十指连心"来比喻父母慈爱自己子女的这种血肉亲情是十分恰当的。民间百姓认为,疼爱自己的亲生子女是为父母者天经地义的事情,根本不必有任何怀疑,而现实生活中的事实也的确如此。即使有个别的父母用偏激的方式对待子女,其出发点的本意也是"望子成龙"或"恨铁不成钢"。于是,民间所谓"可怜天下父母心"的感叹,则真切地表达出父母关爱子女这种天性中所包含的更为深沉的仁爱慈惠。这种慈爱之举有许多千古佳话在民间传颂。

严、教是被连在一起体现的。在传统社会中,家教历来都是被家庭、家族十分看重的一件事情,并且还突出一个"严"字,俗称"严于家教"。有关家教的一些细则,在《礼记·内则》中有详尽的记载。比如,当子女能够自己吃饭时要教会他们使用右手;当子女说话时要教会他们怎样应答;到了6岁,要教会子女识数和四方之名;到了7岁,要求男女孩子不同席在一起吃饭;到了8岁,要教会子女懂得谦让以及在长辈面前一些起码的规矩;到了9岁,要教会子女朔望和用天干地支来记日子;到了10岁,男女开始分别教育。男孩出去读书,学习礼仪,女孩则养在深闺学习女红、妇道等。从中也反映出家教需要循序渐进的原则。这些要求有些依然符合现代生活,例如学前教育等。

在具体年龄段的教育实施过程中,历来也都不会刻板划一,而是根据家庭和子女的实际情况做出许多修订予以完善。古人教育子女的内容非常宽泛,包括从日常起居、行为举止到琴棋书画,各种实用技艺。但其核心在于教育子女怎样做人。诸如仁、义、礼、智、信、忠、孝、悌、恕等一系列伦理道德规范和与之相应的行为礼节。

为使家教切实有效,传统家礼要求父母以身作则,严于律己,谨守礼法,给子孙后代做一个好的榜样。《韩非子·外储说左上·说六》记载着曾子家教的一个故事:有一次,曾子的妻子要进城赶集,家中小儿子哭闹着非要跟去。曾妻为了脱身,哄骗小儿子说,要是儿子肯留在家里就给他杀猪烧肉吃,于是,小儿子便停止哭闹乖乖地待在了家里。谁知当曾妻赶集回来时,发现曾子真的把家里的猪给杀了,她很是惊诧,曾子却认真说道:"婴儿非与戏也。婴儿非有知也,待父母而学者也,听父母之教。今子欺之,是教子欺也。"听过曾子这番话后,妻子给孩子烧了肉吃。的确,如果父母欺骗子女,也就等于是在教子女学习欺骗,实在是后患无穷。像这类教子有方的美谈在各地民间都有许多历史故事流传。通过以上叙述可以表明,在家庭礼仪中,父子之礼的内容,更倾向于孝道一方面。

(二)夫妻之礼

男女之间以结婚的形式形成夫妻关系,是形成核心家庭的先决条件,然后才会是生儿育女,使核心家庭进一步充实、稳固。在古代,人们把结婚的仪式称为婚礼,把婚礼之后夫妻相处时应遵循的行为规范称为夫妻之礼,用以维护夫妻关系。如果夫妻离异,就会导致家庭破裂,随之而来的则是给社会造成一种不安定因素。因此,夫妻之礼在传统礼仪中占有重要地位。

传统的夫妻之礼内容很多,民间通常把夫妻之礼概括为"夫义妻顺"。所谓"夫义"主要是指"三不去"。意思是说,当妻子在无家可归的情况下,丈夫不得休弃妻子;当妻子与丈夫一起吃苦受累、勤俭持家,而使丈夫富贵发达之后,丈夫不得休弃妻子;当妻子与丈夫一起为公婆守孝三年的事实存在时,丈夫不得休弃妻子。这就是民间声称的"糟糠之妻不可欺"。如果欺了,这个丈夫就是"不义"。所谓"妻顺",则是一种要求妻子顺服丈夫的种种约束和规范,主要是指"三从四德"。"三从"是说女子"未嫁从父,既嫁从夫,夫死从子"。"四德"是说"妇德、妇言、妇容、妇功"。前者明确规定了女子在不同时期里应该分别服从的对象,以此对妻子的人身自由做出限定和约束;后者则在品行、辞言、仪态和手艺活儿四个方面对妻子提出了具体要求,以此作为妻子自我修养的准则和规范。在这种夫妻之礼中间,显然是有一些合理内容存在的,但是,显然也是站在夫权的立场上所做出的针对妻子一方的苛刻要求。也就是说,在家庭生活中,夫妻之间要以丈夫为主,妻子为从。这种夫妻之礼产生于父权制社会,所以较为充分地表现出父权制和私有制制度的固有特征,因此,妻子在家庭中的地位就可想而知了。

可以直截了当地说,家庭和睦的关键在于夫妻之间的互敬互让。家庭是社会的细胞,有了夫妻和谐的家庭生活,社会秩序也就相对稳定了一半。在许多民间艺术作品中,也往往抓住这一题材大做文章。

(三)兄弟之礼

在强调长幼有序的传统礼仪中,家庭礼仪对兄弟之间的关系也提出了规范的要求,即兄弟之礼。兄弟之礼指的是"兄友弟恭",也称"兄仁弟悌"。主要是要求做哥哥的对弟弟要友爱、关怀、照顾,做弟弟的对哥哥要恭敬、顺从。在家中兄弟之间以长兄为大,无特殊原因,诸兄弟不能僭越。对于家中的弟弟来说,长嫂也很有权威性,民间就流传着"长兄为父,长嫂为母"之说,可见一兄之长在平辈人中间的首要地位。"兄仁",在实际生活中包括:在弟弟成年时,兄长要及时为弟弟举行冠礼;弟弟到了结婚年龄,兄长要为弟弟张罗好婚事;如果父母早逝,兄长要义不容辞地继父母承担起对弟弟的抚养义务;如果弟弟的行为合乎正道,兄长要及时加以称赞和鼓励;如果弟弟的行为不合正道,兄长则要及时用礼法进行管制教诲。"弟悌",在实际生活中包括:弟弟要尊敬兄长,把兄长看作自己的榜样;弟弟对兄长的吩咐和教诲要牢记在心,不可忘记;吃东西时弟弟要让兄长先吃;干活时弟弟要抢在兄长前面;走路时弟弟要跟在哥哥后面;看见兄长回来,弟弟要起身迎候;弟弟不能冒犯兄长,也不能在兄长面前表现出倦怠松懈的神情。当然,现在的兄弟之礼主要体现在友爱上面。

在家庭礼仪中，兄弟友爱、和睦相处，是华夏民族的一种传统美德。民间传颂着许多关于"兄弟情同手足""三兄四弟一条心，门前泥土变黄金""千朵桃花一树生，兄弟姐妹莫相争"等兄弟题材的动人故事。例如，西汉人卜式和弟弟分家时，把父母留下来的田、宅财产都让给了弟弟，自己住进山林以放羊为生。后来，他弟弟把家产挥霍一空，卜式却靠着放羊积攒起一笔不小的钱财。为了帮助弟弟重整家业，卜式又把自己的财产分给弟弟，以渡过难关。又例如，东汉末年，孔融和他哥哥孔褒因为保护一个被官府追捕的人而同时被官府捉拿，在县衙的大堂上，他们兄弟俩争相承认罪责，都希望用自己接受刑罚的方式来保护亲人免于牢狱之苦，弄得郡县无法判罪，只好上报由朝廷裁决定案……

在传统家庭的兄弟关系中，以同父同母的兄弟为最多。除此之外，还有同父异母、同母异父，甚至是异父异母的兄弟。人们把兄弟之礼推己及人，要求对待任何平辈人都要像对待自己的亲兄弟那样团结友爱。家庭血亲之间存在的兄弟友爱是天经地义的，毋庸置疑的，人人都能够做到的。而社会道德理想所追求的兄弟友爱则是把这种天经地义扩大到对待所有的人，所谓"四海之内皆兄弟也"，就是对兄弟之礼的一个反证。

(四)闺媛之礼

闺媛之礼是传统礼仪对女子所提出的一些特殊要求，这跟妇女在传统社会里所处的地位相关联。在古代中国的历史上，随着父权制对母权制的取代，家庭开始由丈夫来统治，妇女则处在了被占有、被管制的地位。所以说，闺媛之礼是从男权的利益出发，对家庭中的女性所做出的一系列行为规范。早在《礼记》《曲礼》《内则》等篇章中，就提出了对女性行为的种种规范要求，历来都被奉为经典。西汉刘向的《列女传》和东汉班昭的《女诫》则进一步对种种规范进行了完善。《列女传》分母仪、贤名、仁智、贞顺、节义、辩通、孽嬖七卷，专记上古至汉代妇女的典范事迹，以此为榜样来教化妇女。《女诫》分卑弱、夫妇、敬慎、妇行、专心、曲从、叔妹七篇，专述传统社会妇女应遵循的道德标准和行为规范。此后，在历代各种家礼、家训、家规中，也都有了对闺媛之礼的具体要求。

闺媛之礼的核心是"男女有别"。必要的男女有别是保持家庭稳固的前提，儒家提出"男女有别"来规范两性交往是十分必要的。但由于传统礼仪产生于父权制社会，因此，在"男女有别"的具体规范中，从一开始就有着男尊女卑的明显倾向。比如，在传统家庭里，子女长到10岁的时候，男孩可以外出求学、闯荡、见世面，而女孩则只是关在家里，学习妇道及一系列闺媛之礼。在男尊女卑的前提下，"三从四德"成为考量闺媛之礼的具体标准。在男性审美心理的需求下，闺媛之礼对于女子的仪表体态做出了详细的规范。比如，崇尚女子仪表怯懦，性格温顺；讲话时声音语调要轻细，走路时体态要缓慢轻盈，悄无声息；肌肤要细嫩洁白。民间有"笑不露齿，行不露趾"的礼俗，也是一种对女子行为举止提出的规范要求。现在虽然已经没有了"三从四德"，但是在现代人的审美中，温顺、柔弱的女性依然为人们所推崇。

闺媛之礼对女子的品行要求是，在家庭里要能够处理好各种人际关系，孝顺父母、公婆；相夫教子、夫唱妇随；与妯娌、小姑及家中其他成员都能和睦相处等。为了具备这些完美品行，闺媛之礼倡导女子逆来顺受，委曲求全。闺媛之礼对女子的才能要求是勤劳持家，也即民间所说的会当家过日子。具体包括纺线织布、饲养家畜、炊羹造饭、缝补浆洗、清洁卫生这样一些家务劳动。古代中国的传统社会模式是"男耕女织""男主外，女主内"。在这种模式的支配下，女子的才能绝大多数都体现在操持家务上。作为家庭主妇，能够妥善处理好一应家务并不是件容易事情，这中间包含着许多当家过日子的学问,在民间传说中就有一种巧女类型的故事、民谣,专门讲述心灵手巧的女子在操持家务劳动方面的聪明能干。

在各个地区的民间礼俗中,都包含着关于家庭礼仪这方面的丰富内容。由于家长注重这方面的家教,更由于家庭成员的身体力行和潜移默化,就会使这个家庭形成一种"家风"。如果一个人在社会上犯了错误,舆论会立即将此人与他的家庭联系起来,指责此人家长"家教不严""家风不正"。做家长的对子女所犯错误也看得很重,会提升到"败坏家风""有辱门庭"的高度去认识,而不认为只是子女个人的事情。因为,在传统社会生活中,人们普遍都十分看重道德荣誉,一个家庭无论有多么富贵,如若家风不好,仍然要遭到乡邻众人的唾弃。在民间,家庭礼仪这方面的内容虽然绝大多数并未形成文字文献,却同样被家庭成员身体力行地世代相传,绵延不绝,成为一种有着鲜明地方特色的风俗文化。

三、民间传统文化中的交际礼仪

在传统社会里,交际礼仪是指跟家庭以外的社会成员进行人际交往时,被普遍遵循的一种行为规范。在民间谚语中,对于这一方面的实践验证有着精到的见解,所谓"没有走不着的路,没有用不着的人""珠玉不如善友""遇事不怕迷,就怕没人提""远水难救近火,远亲不如近邻"之类,就是指人际交往的重要性。所谓"责人之心责己,恕己之心恕人""交义不交财,交财两不来""炼铁得硬火,交友须诚心""酒肉之交非好友,患难相助见知音"之类,就是指人际交往的原则。所谓"马防失蹄,人防失言""好话一句三冬暖,恶语半句六月寒""不卷裤子不过河,不摸底细不开腔""未言先带笑,问路礼当先"之类,则是指出了人际交往中的礼仪礼貌习俗。可见,传统礼仪在人际交往方面也有着丰富的文化积淀,特别是在人际交往的行为方式上,民间历来就有许多规范讲究。在我们的叙述当中,将从常规交际、拜访与应酬、敬老与尊师三个方面,对社会交际礼仪规范予以简要介绍。

(一)常规交际之礼

在古代中国社会里,表现于传统礼仪中的常规交际礼仪,大致可分为语言、体态和文字这三个方面,而在民间流行的常规交际礼仪则主要体现于称谓礼俗的语言规范和见面礼俗的体态规范这两个方面。

在民间常规交际礼俗中,当交际双方面对对方时,首先是要有一个对对方的妥帖称呼。称呼得体,才可能使交际进行下去。否则,就不利于交际的进行。比如,在传统社会里,人与人之间相互交往时一般不直呼对方姓名,而是要用一种称谓礼俗去委婉地称呼对方。直呼其名,会被看作是一种不懂礼貌的表现,也会被当作是一种犯忌的事情。就是说,人们普遍认为,在人际交往过程中,应该通过称谓对别人表示出尊重,而面对别人自己则应该表现得谦恭。在民间常规交际礼俗中,称谓是一种十分重要的交际语言。从总体上看,可把称谓分成亲属称谓和社交称谓两大类型。由于交际环境的繁杂,在亲属称谓和社交称谓的基础上,还会产生一系列的语境称谓,也必须予以重视。

首先,亲属称谓是指家庭、家族内部的称谓,包括父系、母系、姻系等血缘亲属和姻亲亲属几种亲属关系。其中以父系亲属为主。与此并存的还有一种情况就是认干亲、义亲,即通过一定仪式缔结成某种被习俗公认的亲属关系,而非真正意义上的血缘关系。比如,干爹、干娘、干儿子、干闺女、义兄、义妹等。在传统社会中,这种类亲属关系的现象非常普遍,所以称之为类亲属称谓。亲属称谓不仅是亲属之间进行交往时惯用的语言规范,也是各种类型称谓的母体;其次,社交称谓是指亲属以外的人际交往所需使用的称谓,也叫做非亲属称谓。由于社会分工的庞杂,诸行百艺、三教九流、师生朋友、街坊乡邻等之间,都有一系列约定俗成的社交称谓。比如,见了老年人叫声"大爷""大娘";见了同龄人叫声"朋友";见了能人叫声"师傅"……使用这样的社交称谓,会拉近双方之间的距离,为下一步的人际交往创设一种亲切氛围。这种社交称谓礼俗,是传统社会进行人际交往时所普遍使用的一种语言规范;最后,在亲属称谓和社交称谓的基础上,由于交际的环境不同,交际的主客之间地位关系不同等,人们需要随机应变,对亲属称谓和社交称谓加以变化使用,从而产生一种称谓变体,即语境称谓。语境称谓大致上可归纳为尊称、谦称、婉称、昵称、谑称、贬称等几种类型。其中以尊称和谦称被使用最多、最广。所谓尊称,是指从尊敬别人的礼仪原则出发而形成的一种称呼习惯。在传统社会里,称呼对方时不用"你",而是用您代称。比如,对有知识、有名望者的尊称用"先生"等以示郑重;对长辈的尊称用"老人家"等,以示尊重。

在某些交际场合里,人们还喜欢使用婉称、昵称、谑称、贬称来调摄交际情境。比如,在街谈巷议中,人们把小偷称为"三只手",乞丐称为"叫花子"等,都是婉称。把男孩称作"小小子""小把戏""崽崽";女孩称为"小丫头""掌上明珠""千金"等,都是昵称。给别人所起的具有幽默感的绰号都是谑称。而用在坏人身上或自己不满意的人身上的"伪君子""无耻小人""流氓"等,则都为贬称。

总之,在人际交往中,必须先要礼貌地称呼对方,一般而言,称呼别人时用尊称,对自己则要用谦称。可以说,准确恰当地使用称谓,能增加交往中彼此之间的好感,有利于社会交际活动的顺利展开和进行。同时,也可从中反映出一个人的基本素质修养。

在民间常规交际礼俗中,人们交往时不仅要有语言规范,同时还伴有相应的体态规范。当人们见面时,为了表示尊敬或欢迎而相互行礼的动作,就是相见礼。相见礼有严格的等级区分,其最基本的原则是,地位低的人要先行礼,且礼要行得隆重;地位高的人答礼在后,且礼可以相对轻率一些;若是地位或辈分悬殊很大,则高高在上者可以只受礼而不还礼。在民间的交际礼仪中,被广泛使用的行礼动作是点头礼。以施礼动作来表示对对方的恭敬和礼遇。

在传统的相见礼仪中,跪拜被视作是最为隆重的相见礼仪。其动作要领是:双腿屈膝跪地,面向受礼人双手掌心扶地,然后以头触地叩拜。这种跪拜礼以前多用于师徒相见、师生重逢等极为尊贵或隆重的相见场合,如今,日本依然保留了这种礼。

而在朋友乡邻之间的人际交往中,流行时间最久,普及范围最广的是点头礼。这种点头礼用于平日见面相逢。另外,还有一种以趋示敬的相见礼,即卑幼拜见尊长时,要用低头弯腰、小步疾走的方式,快步走向对方,然后停下来施礼,以示恭敬。在尊长面前,昂首阔步被视为失礼或没有教养。

总之,相见之礼随时都有发生,随处都会进行,万万不能小礼。或者说,正是由于它不像大的礼仪场面那般隆盛,才不能小视它。民间所指的"大样""架子大""目中无人"等,往往就是由此而出的,不经意间得罪人的事往往也是由此而起。所以,在人际交往中,一见面必须施礼。

(二)拜访与应酬之礼

在民间的私人拜会中,迎来送往之间有着许多的礼仪规范。如何登门拜访,又如何接待应酬,各地都有一些约定俗成的讲究,没有严格程序的"礼貌"和有严格规范的"礼节",构成了缤纷复杂的交际礼俗。

由交际而有朋友,朋友是较为固定的社会关系。作为拜访者,去友人家中登门拜访的时候,是不可擅自径直而入的。在初次登门拜访友人时,不能空手而至,一定要携带一份礼物,用来表示对主人的尊敬,这是一种必须遵守的礼节。当来到友人门前时,以先敲门为礼,通常是轻叩门环三声,可重复数次。待友人家中有人出来开门迎接时才能进入。若遇友人家门大敞,则须先以声询问,待家里有人应答并出迎后才能进入。否则就被视为失礼。进入友人家里之后,造访者不能擅自穿堂入室。在民间,有"客不观仓""客不观灶"之说。家中女人居住的闺房是禁止造访者随意接近的。"生意人的柜台,女人的绣房",是民间约定俗成的"三尺禁地",谁也不敢越雷池一步。来访者被主人迎进家里落座之后,言谈举止都要有所约束,切记不可像在自己家里那样不拘小节。比如,在陕西一些地区,就有"做客十忌"的说法:一忌开门不进家,待在门口处向屋内探头探脑。二忌上炕不脱鞋。三忌言笑不开朗。四忌衣帽不整洁。五忌自傲不尊老。六忌孤僻不爱小。七忌晚辈吃饭坐上席。八忌抢先动碗筷。九忌问人悲伤事。十忌走时不告辞。在民间,各个地区都有类似这般相约成俗的行为规范。

作为应酬者,对于来访的客人要笑脸相迎,侧身将客人引进屋内,请客入座。座席有尊卑之分,主人得恭请客人上坐,而客人若觉得按身份不该这么坐,就必须谦让一番。客来沏茶倒水是民间普遍流行的礼俗。当客人就座后,就要适时端上一杯热茶,以表示对客人的尊敬和欢迎。否则,就被认为是失礼。在许多地区,都流行第一杯茶的茶水只斟至杯体的三分之二处,民间有"浅茶满酒"的说法。主人在敬茶时需双手奉上,而客人也应微微欠身,双手接茶。许多地方都讲究"敬三道茶"的规矩。即第一道茶供客人品尝一下味道。第二道茶供客人在拜访中边聊边品,当主人为客人斟上第三道茶时,客人就应该酌情适时地起身告辞了。另外,主人还会根据主客之间的亲密程度和此次拜访的性质,来决定是否留客人吃饭。吃饭的讲究,可以是家常便饭,显得主客关系亲密无间。也可以特设宴饮,显示此次拜访活动非同一般。当客人起身告辞时，主人要婉言相留，而客人执意要走，主人就应该起身送客。根据与来访者的关系，主人可将客人送至门口、巷口、村口、路口等处道别。此外，回访也是一种礼节，来而不往非礼也。在送走客人之后，主人也应择日去客人家中拜访，民间叫"回拜"。孔子说："有朋自远方来，不亦乐乎？"就这样，古代人在你来我往中走亲访友，不亦乐乎。

民间有"百里不同风，十里不同俗"之说，但万变不离其宗，即以礼待人的核心不会改变。只要人们善于认真地去尊重当地当时的礼俗习惯，尊重主人的意愿，基本上就不会出现大的差错，也就不会出现大的失礼举止。

（三）敬老与尊师之礼。

敬老与尊师，是中国古代社会对知识经验从认识到认可的结果，这标志着社会文明的一大进步。古人在经历过艰难的社会实践检验，并付出了沉重的代价之后，认识到知识经验在社会生产生活活动中所存在的巨大价值，因而开始进一步认识到重视知识经验的掌握者和传授者的必要性，从而逐渐地形成了一系列与此相关的行为规范，并通过世代相传，建立起人们从心底里感激老人与人师，敬仰他们，尊重他们的一系列礼制习俗。

在传统社会生活中，敬老是和孝道观念紧密联系在一起的。人们敬老，首先就是敬重自己的祖先、自己的父母。在此基础上，也即从对祖先亡灵的祭祀和对活着的父母及长辈的赡养开始，由"老吾老以及人之老"，再扩延到像尊敬自己家里的老人那样去尊敬社会上所有的老人。关于老年人在古代社会生活中的重要作用以及敬老的礼仪，早在《礼记·曲礼上》中就有了明确的论述。对敬老尊长的提倡，是求得社会秩序和谐发展的需要。

关于古代敬老的礼制，早在周代就已见雏形。古代的乡饮酒礼规定，六十岁以上的人才有资格坐着，六十岁以下的人则只能站在边上侍候。老人面前的菜肴也有所区别,年龄越大者,其面前菜肴的盘数越多。凡此种种,无疑都是对民众的一种示范。这种礼制在《周礼》中就有过详细的记载。以后历代沿袭,虽有所衍变,即直至明清而不废,中华人民共和国成立后,乡饮酒礼又恢复了,其中最盛大的事情当属浙江嘉兴西塘镇海内外370人着汉服参加传统"乡饮酒礼"仪式。

《礼记·王制》中记述说,五十岁的人要吃细粮,可以在家中扶杖;六十岁的人要常备肉食,可以在乡里扶杖;七十岁的人要为他另外储备一份膳食,可以在国内扶杖;八十岁的人要常吃时鲜食品,可以在朝廷上扶杖,从此,其家中可以有一人不服徭役;九十岁的老人,天子若想请他赐教,则必须带上礼物到他家去登门拜访,从此,其全家人都可以被免除服徭役的苦差,以便好好照顾老人。

从汉代建立起敬老养老的制度后,每年秋天,地方官员都要普查户口,年满七十岁的老人要由皇帝赐给王杖。老人拄着王杖出门享有特权,通行无阻,谁也不敢冒犯他。平时朝廷也常常发布告文由地方一级官府给老人发放一些粮食、酒肉、布帛,用来改善老人们的生活。唐宋以降,或由官府出面,或是作为一种民间慈善事业,各地都曾建有福田院、养济院、普济院、孤老院一类的机构,用于赡养社会上一些无人照顾的孤贫疾老。清代,尤其是康乾盛世之时,敬老养老被大做文章。比如,在皇帝做寿时,会邀请地方上德高望重的老年人赴京进宫参加千叟宴庆,千叟宴之后还要御赐老人们鸠杖。朝廷还下诏给老人赐匾额、建牌坊,称百岁老人为"人瑞",为百岁老人所树的牌坊就叫做人瑞牌坊。凡此种种的礼仪制度,必定在全社会产生出较大的表率作用。民谚所谓:"家有老,是个宝",就是对这种表率作用的一个有力验证。养老古时已受重视,如今更是社会主义建设中必须考虑到的一环,中国养老文化可谓是源远流长。

与此同时,在古代中国社会中,人们也很早就已经认识到了尊师的重要性。《尚书·泰誓》指出:"天佑下民,作之君,作之师。"把君与师相提并论。荀子则进一步强调:"国将兴,心贵师而重傅;贵师而重傅则法度存。国将衰,必贱师而轻傅;贱师而轻傅则有人快,有人快则法度坏。"荀子把尊师提到了国家兴亡的高度上来认识,是极具战略眼光的。后世儒生大都遵循荀子教诲,在家中供奉"天地君亲师"的牌位。这种风尚还蔓延到了社会各个阶层。直至民国年间,即使是在穷乡僻壤的百姓家中,也会看到"天地君亲师"的牌位被恭恭敬敬地供奉着。这种风尚的形成与历代帝王的大力倡导不无关系。历代皇帝对于曾经教导过自己的老师一般都优礼有加。比如,皇帝在接见臣下时都是朝南而坐,但面见自己的老师时则要请老师朝南而坐,自己却不敢朝南而坐了。又如,孔子历来被当作"为人师表"的宗师,因此,历代皇帝都把祀孔作为他们尊师的一种象征。当皇帝在国子监祭孔时,照样要向孔子的神位下跪示礼。凡此类尊师之举,都会在臣民中间产生极大的影响力和感召力。

在民间,老师称谓的概念很宽泛。读书人把向自己传授知识技能的人称为老师;手工业、商业、医药业也把向自己传授知识技能的人称为老师;戏曲杂艺界、武术功夫界还是把向自己传授知识技能的人称为老师……由于这样一种宽泛的概念,所以师生以及师徒关系就成为一种十分普遍而又十分重要的人际关系。比如,人们在谈及社会上某个有所成就的人时,总会连带着提及他的老师,而任何人在谈及自己的成就时也绝不会落下他的老师。生以师为尊,师以生为荣。

尊师重教的礼俗,同样是民间社会的传统风尚。关于尊师的礼俗,大致体现在拜师、侍师、敬师、报师、祭师这几个方面。拜师是指学生在入学或投师时所举行的拜师礼。在拜师礼上,学生家长要向老师送见面礼,礼物的内容各朝各地有所不同,但这一套礼俗一直没有中断。学生则要向老师行拜师礼,一般是在礼堂正中悬挂孔子画像,而受礼的老师则立于一侧应答学生拜礼。拜师礼存在于各行各业,虽然形式有所不同,但是只要是学徒投师学手艺,都有一套拜师的礼仪规范。在许多行业,当学徒期满时,还要举行隆重的出师礼。侍师,是指学生在学习期间对老师的侍奉。在古代社会里,有些学生或学徒在学习期间是在老师家里吃住的,侍师就是对老师生活起居的照料。敬师,是指学生对老师的敬重。主要是在行为规范上表达出学生的敬意,诸如称呼老师为师父、恩师;遇见老师作揖行礼;对老师提问要起立回答等。报师,是指学生完成学业离开老师之后,若取得成就,或逢年过节,或遇老师生日,仍不忘向老师汇报,送礼,以示不忘老师栽培之恩。祭师,是指对老师亡灵的祭祀。包括两个方面:一是读书人对先圣先师的祭祀和各个行业分别对本行业祖师爷的祭祀。二是当自己的老师去世时参加为老师举行的丧葬礼仪。俗话说:一日之师,终身为父。在民间百工杂艺中,旁人称学生的老师为"师傅",而学生称自己的老师则为"师父",还把老师的妻子称作"师娘""师母"。这都说明在传统社会里,人们是把自己的老师当成"父亲"一样来尊敬的。尊师重教已成为一颗镶嵌在民间传统文化中闪烁着璀璨光芒的明珠。尊师重教现在也焕发这极强的生命力,只是在师生地位上更趋于平等。

其实,纵观整体,敬老与尊师在精神实质上是相通的,都是一种尊重知识经验的文明体现。敬老与尊师的礼俗是一个内涵丰富的、充满人情味的人文主义精神宝库,其中的精华所在是一笔巨大的、具有积极意义的人类精神财富。在中国社会历史上形成的这种敬老与尊师的良好风尚,无疑应该成为当代中国继续发扬光大的传统美德。

简言之,中国是一个礼仪之邦,崇尚礼尚往来。历史上的中国人一贯把礼仪规范看作是人生的体面,也是做人不可缺少的一部分。彬彬有礼、通情达理,不仅是人们对一个人交际行为的肯定与赞赏,也是对其家庭、家族的赞赏。在传统社会里,社会成员之间的人际关系,长期以来都是依靠着世世代代身教言传、耳濡目染的礼仪规范来进行协调的,从而维护了社会机制正常有序的稳定发展。

诚然,在礼仪领域里历来都存在着一对矛盾。一方面,从客观上说,任何时代、任何民族的礼仪规范确实存在着这样那样的一些缺陷或是弊端。因此,总是有人试图要变革,使它既具有一定的规范性,有利于建立正常的社会生活秩序,而又不至于妨碍人们的个性发展;另一方面,从主观上说,每一个人既然生活在一个群体化的社会里,要想融入群体,就必须遵循这个群体、这个民族乃至这个时代共同通行的、约定俗成的礼仪规范。在某些情况下,即便并非是个人的本性使然也得强制自己接受这种约束,养成这种习惯,遵循这种规范。否则,社会公共生活就会乱作一团,人际关系就会蛮缠、恶化。事实上,礼仪沿革至今,也没有达到,而且很难达到一种理想的境地。因此说,讲究礼仪应该是每一个社会公民必备的自我修养。

第二节　民间传统文化中的节庆文化

节日的起源和发展是一个逐渐形成,潜移默化地完善,慢慢渗入社会生活的过程。它和社会的发展一样,是人类社会发展到一定阶段的产物。我国古代的这些节日,大多和天文、历法、数学以及后来划分出的节气有关,这从文献上至少可以追溯到《夏小正》《尚书》。到战国时期,一年中划分的二十四个节气,已基本齐备,后来的传统节日,大都和这些节气密切相关。中国的传统节日体系萌芽于先秦时期,这一时期积累的祖先崇拜、天地崇拜、鬼神崇拜等原始宗教信仰,为后世创设节日民俗准备了大量的文化素材。[①]

汉魏晋南北朝时期,新的社会经济条件、稳定的历法,佛教和道教文化的浸润,使这一时期节日习俗欣欣向荣。传统节日定型于隋唐两宋时期,据宋代陈元靓《岁时广记》记载,当时的节日计有元旦、立春、人日、正月晦、中和节、二社日、寒食、清明、上巳、佛日、端午、三伏节、立秋、七夕、中元、中秋、重九、小春、下元、冬至、腊日、交年节、岁除,这一序列基本上囊括了传统社会全部的重要节日,元明清时期对这一体系没有大的突破。

一、传统节庆文化的类型与特征

(一)节庆文化的构成要素

中华传统节庆文化有许多重要的组成部分,它们交互作用、彼此依托,保证了节庆文化的持久存在和不断发展。这些重要的组成部分,我们称之为节庆文化的要素,其中主要应包括节庆的日期、用具、用语、饮食等方面的内容。节庆日期的选择与设定,一般依据天候、物候和气候的周期性转换而约定俗成,最早被择定为节日的是被确认的节气之交接日,即立春、立夏、立秋、立冬和春分、夏至、秋分、冬至八个节日,"八节"标志着阴阳四时的时令变化,故后世有"四时八节"之称。

节庆用具众多、别具一格,如驱邪祛病的庆典用具,大致说来,属于此类的庆典用具,有年节的门神、桃符以及鞭炮、锣鼓,人日节

①李钢. 传统文脉与设计思维[M]. 上海:上海交通大学出版社,2015.

的华胜,清明节的柳条,端午节的艾蒿、菖蒲、"老虎头""避瘟丹"以及重阳节的茱萸等。春节庆典用具中用以形成和烘托喜庆娱乐气氛的用具最多,也最为集中,如年节中五颜六色的新衣、五彩缤纷的插花以及大红的对联、色彩斑斓的年画,还有燃放的各种烟花爆竹,敲打摆弄的锣鼓等。其他节日中,如元宵节令人眼花缭乱的灯笼、灯谜,清明节纷飞飘逸的风筝,端午节的龙舟,七夕节的荷叶灯、"水上浮",中秋节的皓月和形态各异的"兔儿爷",重阳节清香四溢的菊花以及"九九消寒图"等,还有一些少数民族节庆中的火把、哈达等,都是节庆活动中人们表达内心喜悦、欢乐之情的特定用具。

中华传统节庆中的庆典用语亦是别具一格,依据节庆用语的基本性质和用途,可将其分为祝福用语、祷告用语和提示用语三个大类。从节庆生活的现实来看,祝福用语是四时节庆中使用最多、最频繁的节庆用语,如年节、中元节祭祖、祭神时,要祈求神灵和列祖列宗"保佑"下界的太平幸福等。提示用语在传统节庆用语中,同样占有很大比重,它主要用于提醒终日劳作的人们时刻注意节气的变化,保证节庆活动内容的准确无误。提醒人们注意节气变化的用语甚多,如"清明不戴柳,红颜成皓首""摸摸春牛角,赚钱赚得着"等。

节庆饮食不仅保证了人们从事节庆活动的物质动力,而且还起到了渲染和活跃节庆气氛、增添节庆魅力的功效。从种类上分,节庆饮食包括节庆饮料与食物两大类,节庆饮料主要有酒和水两个大类,酒的种类甚多,而水则主要是指茶水。酒在我国出现甚早,《世本·作篇》中就记述说:"仪狄造酒,杜康造酒。"到了商代,酒已十分普及。酒与传统节庆结缘,也已十分久远:早在先秦文献中,就有了"为此春酒,以介眉寿"的句子。酒类之外,茶水是传统节庆民俗活动中不可或缺的重要饮料之一。

　　传统节庆的食品比起饮料而言,品类更加繁多,同时具有浓郁的季节性特点,这里按照米面类、鱼肉类、果蔬类三种类别加以简要说明。首先,米面类。这类传统节庆食品甚多,其中主要有馒头、面条(又名汤饼)、饺子、年糕、汤圆、元宵、粽子、巧果、月饼、菊糕、馄饨、腊八粥等;其次,是鱼肉类。其典型的制成品如涮羊肉、肉冻、血肠、五彩蛋、烤鸭、板鸭、醉蟹、腌制腊肉、野鸡爪、鹿兔脯、猪头宴、蒸羊汤等。此外还有果蔬类,节日中人们将瓜果蔬菜视为必备用品,同时还进行巧妙的组合,命以喜庆欢快的名字,以增添节庆的气氛。

　　(二)传统节庆类型与特质

　　根据传统节庆的性质和目的,我们将其大体分为生产类节庆、宗教祭祀类节庆、驱邪祛病类节庆、纪念类节庆、喜庆类节庆和社交娱乐类节庆等六个大类。我们在此只论述一部分。

　　1.生产类节庆。产生于农业社会背景下的中华传统民俗,自然也对反映生产活动的节庆内容青睐有加,一年中最早出现的农事生产类节庆活动,是立春节的"鞭打春牛"和张贴"春牛图"。立春原本是"二十四节气"中的一个节气,后演变成为一个重要的节日。据《礼记·月令》记载,早在先秦时期,就已有立春"出土牛"之俗流行。从宋代起已有刻版印刷的牧童赶牛的"春牛图",供人们张贴。"绘图者也根据官颁立春时间来进行芒童(即牧童)站位的设计,或是牵牛于后表示春早,或是骑于牛背表示农事平,或是驱牛在前表示农事晚。"由此可见,立春节为农事生产服务的意图是十分明显的。此外,如添仓节的"打囤添仓"、春龙节的"引龙兴雨"、分龙节的"分龙彩雨"以及七夕节的"赛巧会"等节庆活动,也都是围绕着男耕女织、风调雨顺和丰收等农事生产而展开的。

　　2.驱邪祛病类节庆。驱邪祛病、祈求安康是传统节庆的重要内容之一。这在众多的传统节日民俗中,也得到了有效的体现,并形成了一系列驱邪祛病的节庆民俗内容。如清明戴柳，端午节插艾、戴五彩线、喝雄黄酒，重阳节插茱萸、饮菊花酒，还有各节庆洒扫庭除等，这些民俗活动，或以心理暗示为旨归，或以药物预防为要义，或以健身强体为目的，或以讲究卫生为关键，都企求达到驱邪祛病的功效。

3.纪念类节庆。传统节庆民俗中，有许多是为了纪念某个历史人物或英雄人物以及历史事件而设，还有一些，虽然并非因纪念人物或事件而设，但在后来的演变过程中，也拥有了纪念类节庆的性质。总体来说，这些民俗活动都属于纪念类节庆的范围，如寒食节的禁火与寒食，传说是为了纪念春秋时晋国名臣介子推；端午节龙舟竞渡、食粽子，据说是为了纪念战国时楚国大夫屈原。

4.喜庆类节庆。喜庆类节庆以庆贺丰收，欢庆人畜两旺、吉祥幸福为主题，"往往形成喜庆的连续性或系列化"。如在各族中规模最大、影响最广的年节，即主要是由这类节庆民俗连缀而成的，以汉族的春节为例，其中除了宗教祭祀类祭神、祭祖等节庆民俗外，喜庆类民俗是主要内容，人们常说"日子天天赛过年""像过年一样热闹"等语，正反映了春节留在人们记忆中的尽是欢乐和喜庆。春节张贴春联和年画、燃放鞭炮和烟花、张灯结彩、敲锣打鼓、杀猪宰羊、吃"合家欢"宴、守岁拜年以及扭秧歌、跑旱船、踩高跷、逛庙会等，至今仍然是人们喜闻乐见、人人参与的喜庆民俗。

5.社交娱乐类节庆。社交娱乐类节庆民俗，大都具有联欢游乐的性质，其主要内容是歌舞娱乐及游艺竞技活动，这类节庆中的娱乐民俗，与春节中的文娱活动，虽然有形式上的叠合而无法加以严格区分，但年节文娱活动以喜庆丰收、迎接新岁为宗旨，这里所说的社交娱乐类民俗则是以加强人与人以及人与社会的社交和友好往来为目的。在社交娱乐类节庆中，最有代表性的是在中国少数民族中流行的一些节日歌会、歌舞等民俗活动，如大理白族每年农历4月23—25日的"绕山林"活动,即属此类,届时,人们身着节日盛装成群结队,边唱边舞,走向苍山洱海之间的山林中去相会。苗族的"踩花山",仫佬族的"走坡",彝族的"插花会"等,都是以社交为目的的歌舞节庆民俗活动。

二、传统节庆文化的意蕴

中国的传统节日是中华民族悠久的历史文化的一个组成部分,形式多样,内容丰富,传统节日的形成过程,也是一个民族或国家的历史文化长期积淀凝聚的过程。

(一)传统节庆的文化内涵

最早的传统节庆活动和原始崇拜、迷信禁忌有关,神话传奇故事为节日平添了几分浪漫色彩,还有宗教对节日的冲击与影响,一些历史人物被赋予永恒的纪念渗入节日,所有这些,都融合凝聚节日的内容里,使中国的节日有了厚重的历史感和丰富的文化意蕴。

1.传统节庆体现古代农耕文化。我国自古以来就是一个农业大国,以农业为主的经济形态必然会产生与之相适应的文化。中国传统节日根源于中国古代农耕文化,据史籍记载,春节在唐虞时叫"载",夏代叫"岁",周代才叫"年"。"载""岁""年"都是指谷物生长周期,谷子一年一熟,所以春节一年一次,含有庆丰收的寓意。关于春节的另一种说法是:春节起源于原始社会末期的"腊祭",当时每逢腊尽春来,先民便杀猪宰羊,祭祀神鬼与祖先,祈求新的一年风调雨顺,免去灾祸。清明节本是二十四节气之一,这时,我国大部分地区气候温暖,草木萌茂,开始忙于春耕春种。关于中秋节的起源,有一种说法是秋报的遗俗,因为农历八月十五这一天恰好是稻子成熟的时刻,人们便在这个季节饮酒舞蹈,喜气洋洋地庆祝丰收、从传统节日的起源看,大多出于农耕目的,虽然在流传过程中,有些节日淡化了农耕印象,但传统节日体现或根植于古代农耕文化这一点是确定的。

2.传统节庆体现了图腾文化。对大自然的崇拜是先民最原始的崇拜形式之一,这里的大自然主要指太阳、月亮、大地及其他自然物。在中秋时节,古代贵族和文人学士对着天上一轮皓月,观赏祭拜,寄托情怀,无论是祭月还是赏月都体现了对月亮的崇拜。春节祭祖、清明扫墓是对祖先的崇拜。图腾崇拜是较为高级的宗教形式,原始先民都相信自己的氏族与某种动物、植物或无生物之间存在一种特殊的亲密关系,并以之作为氏族崇拜的对象。

3.传统节庆体现古代宗法文化。中国长期处在宗法制社会形态下,人们重血亲人伦,讲究礼教德治、长幼尊卑、贵贱有别,宗法制社会形态下的一系列伦理要求在传统节日中找到了很好的依托,春节祭祖、清明扫墓,都体现出一种"人道亲亲"。《礼记·大传》中这样解释"人道亲亲":"亲亲故尊祖,尊祖故敬宗,敬宗故收族。"通过祭祖扫墓这种方式整个家族就以血亲人伦为纽带联系在一起了。无论是祭祖、扫墓,还是拜月、登高,都有严格的仪式,崔寔《四民月令》是这样形容春节祭祖的:"正月之朔,是谓正旦。躬率妻孥,洁祀祖迹。及祀日,进酒降神毕,乃室家尊卑,无大无小,以次列于先祖之前,子妇曾孙,各上椒柏酒于家长,称觞举寿,欣欣如也。"通过一系列固定仪式,实现了"尊尊"——长幼尊卑、贵贱有别,并且这种等级差别也与血亲人伦有关。通过传统节日中的血亲人伦纽带,"尊尊"与"亲亲"联系在一起,整个社会实现了从"家天下"到"国天下"的过渡,形成了家国同构格局。

(二)传统节庆的文化精神

文化精神就是传统文化中具有积极意义的、体现在民族蓬勃向上精神的思想和观念。中国传统节日体现出精忠爱国、刚健有为、自强不息、天人合一、贵和尚美等文化精神,正是因为有着这些文化精神的存在,使得中国传统节日及节日中的一些习俗经过几千年的历程仍被保存、遵守着,体现出强大的文化生命力。

1.精忠爱国。精忠爱国思想在清明与端午两大节日中体现得最为明显,并且这种传统文化精神在历史进程中已经自发地上升为一种民族精神,在社会发展中起着非常重要的作用。清明扫墓的习俗来自于寒食节,而寒食节相传与春秋时期介子推有关,介子推"割股"给处于困境中的公子重耳充饥,这里体现了"忠"与"义"两种文化精神,当公子重耳成为晋文公,欲封赏介子推时,介子推背着母亲进了深山,这里体现了"孝"。在几千年的社会进程中,寒食节与清明节合二为一,"忠""义"的文化精神也成为中国传统观念中士大夫精神的渊源,孕育和造就了中国历史上无数仁人志士、英雄豪杰。而以血亲为纽带将人民紧紧联系在一起的"孝",从小处说,使一个家族具有凝聚力;从大处说,使一个民族、国家更具有凝聚力。

2.贵和尚美。"和"即和谐、统一,"美"即美好、团圆,贵和尚美作为中国文化的基本精神之一,在传统节日中常有流露。春节虽然是指农历一年的第一天,但人们习惯上的过年活动在头一年进入腊月(夏历十二月)就已开始,一直到元宵节才结束。在腊月里,人们要扫尘、祭灶神;除夕要全家团圆,大家围坐在一起和面包饺子,和面的"和"与"合"谐音,饺子的"饺"与"交"谐音,"合"与"交"是团圆、相聚之意;至元宵节全家又要围在一起吃汤圆,这些都表达了人们希望生活团团圆圆、和谐美好的愿望。七夕乞巧,表达出人们希望婚姻美满的愿望。至于中秋吃月饼,更兼有生活团圆、婚姻美满之意。九九重阳,则有珍爱生命,健康长寿之意。此外,清明折柳,端午采艾叶、菖蒲,重阳遍插茱萸,这种驱恶避邪的习俗也显露出贵和尚美的思想。

3.天人合一。中华传统节庆文化在倡导和谐方面,可谓无处不在,从节日的日期选择,到节日娱乐与饮食的活动安排,各个方面、时时处处都体现着人与自然和谐共处的基本精神。关于"天人合一"的思想,最基本的含义是充分肯定"自然界和精神的统一",关注人类行为与自然界的协调,春节迎新、清明踏青、端午赛船、中秋赏月、重阳登高都是天人合一思想的体现。正如《易传·文言》中说:"夫大人者与天地合其德,与日月合其明,与四时合其序,与鬼神合其吉凶,先天而天弗违,后天而奉天时。"这种认识影响着许多人的价值取向、人生态度,这与"达则兼济天下,穷则独善其身"的观点是一致的。

　　传统节日中的一些习俗在社会发展中淡化或消失了,唯独亲近自然的行为得以延续,也从一个侧面反映了天人合一的思想具有强大的文化生命力。当然,也必须指出,由于自先秦以来直至近代以前的漫长历史时期内,中国长期处于农业社会之中,农业生产成为国之大事。因此,在这个前提与背景下生成的传统节庆,必然就表现出与农业生产忙闲有致的模式相一致的特点,从流传至今的传统节庆日的时间安排来看,基本上是冬天农闲时安排的节日数目和节庆活动内容相对为多,而农忙的夏秋时节,则相对为少。从这个意义上说,传统节庆的这种自觉调整,实则也是一种与自然的协调和谐。

　　4. 淑世情怀。从先秦以来,中华民族就一直贯穿着一个关切人文、人道的优良传统,"天道远,人道迩""观乎人文,以化成天下",便是其崇高的理想和追求,因此,"修身齐家治国平天下"的淑世情怀,更是弥漫到五千年历史文化的各个角落。在中华传统节庆文化之中,淑世情怀同样是一个十分引人注目的精神基调,在一代又一代中国人中传承、历久不绝。我们说中华民族素有关切人文的传统,并非是说他们都是无神论者,事实上,人们采取的乃是"敬鬼神而远之"的理智态度,这种理智态度,自然也就渗透到了传统节庆之中。已知大多数古代节日先源于古代祭礼,时至今日,传统节庆中的祭礼内容和成分,犹有不少流风余韵,尽管"祭如在,祭神如神在",但祭祀时的出发点和落脚点却都是关乎人间的,如《礼记·月令》记载:立春之日,天子亲帅三公、九卿、诸侯、大夫,以迎春于东郊。这里,迎春的目的,就明显是为了给人间带来春暖花开、万物复苏的新春。今日仍在民间流行的祭灶时期望灶王爷"上天言好事,下界保平安"的民俗活动,也深深地打上了淑世情怀的烙印。至于传统节庆中围绕着老人、孩子、女性、恋人等而设的节日,更是将福禄寿禧和太平团圆、多才多艺的淑世情怀,全面而彻底地展示出来,如年节祝福老人健康长寿,人日节祈祷孩子平安,女儿节期盼女儿手巧如织女、愿天下有情人终成眷属等,即是其具体表现,流传至今的新年对联,亦以昭示世间的文字形式,表达了这种深沉的淑世情怀。

三、传统节庆的文化功能

节庆在人民生活中有着重要的地位,因此,节庆文化则显得尤为突出。节庆的文化功能主要表现在三个方面。

(一)传统节庆是人们日常生活的一种精神补偿

节日符号规定了人在宇宙中的位置,告诉人们自身的起源与命运。节日的文化功能,就在于通过集体的活动和人人参与,建立起一套公共的精神信仰和价值观念,以达到对内的社会认同与整合及对外的文化中介和民族同化。过节的时候人们可以摆脱劳作,超越心理的混乱,平稳而又自信地掌握自己的命运。正是节日在年复一年地强化着人类美好的理想,激励人奋进,释放被压抑的生命冲动,它弘扬一切正义与爱的品质。过节的真正意义,并不是为了物质的增值,而是为了精神的愉悦与文明的延续,为了建立一个和谐美好的社会环境。传统节日价值就在于彰显了民族的情感,彰显了人生的意义,滋养了民族的精神,是中华优秀传统道德教育的重要载体,所以尽管各个节日内涵不同,纪念庆祝的形式不同,但是对传统节日的传承是我们对民族之根的认同,这是中华民族巨大的精神财富。

(二)传统节庆体现出强大的文化凝聚力与民族凝聚力

春节回家、清明扫墓、端午节纪念屈原的传统习俗流露出敬祖意识、亲情情结、精忠爱国等思想,这些观念最容易唤起人们对亲人、家庭、故乡、祖国的情感,唤起人们对民族传统文化的记忆,对民族精神的认同,唤起人们同宗同源的民族情及对文化同根性的认同。中国有许多俗语,如"一人有难,众人帮忙""老乡见老乡,两眼泪汪汪"等,这些都是传统节日具有强大文化凝聚力的表现;海外华侨回国祭祀祖先及在异国、异地的游子叶落归根等行为则是传统节日中民族凝聚力的体现。文化凝聚力与民族凝聚力有利于增强民族团结、维系国家统一,有利于加深世界各地中华儿女的亲情,也有利于激励一个民族、国家不断前进、发展、强大。

(三)传统节庆体现出浓厚的感恩情怀

众所周知,传统节庆中的不少民俗活动都是围绕着祭奠祖先亡灵而展开的。乌丙安指出,在传统节日中有所谓的专门的"祭祖节日"。时至今日,每到中元节、清明节、年节等节日之际,人们或相携赶往先祖墓前祭扫,或者在街头巷尾点上一堆烧纸,用以寄托对先人的感念追思之情。这种追念先人的祭祀活动,归根到底乃是中国人"报本返始"观念的现实和表达,反映了这个民族尊重历史、追慕先人的优良传统。另外,传统节庆中不仅有围绕纪念个人先祖而展开的祭祀活动,更有对民族历史上的"英雄及地方历史上受崇拜人物"的纪念活动。"尽管节日仪礼中也采取了相当多的祭祀祈祷手段,但都属于纪念人物"。

汉族节日中有寒食节,传说是纪念介之推这位居功不取的历史人物,而端午节则是在"发展中扩大了它追悼屈原的内容,使端午节增强了纪念性",藏族的雪顿节(俗称酸奶节),据传是为了纪念藏族历史上著名的修铁索桥的大师唐东结波而形成。白族的节日,有许多是与纪念白族历史上的杀蟒英雄段赤诚、杜朝选以及大理国王段思平、南诏王及王妃等著名人物密切相关。白族的传统节日三月街,据说是为了纪念壮族歌仙刘三姐,由此形成流传后世的三月赛歌盛会。这类节日除了围绕纪念人物而展开之外,还有的是为纪念历史事件而设。如汉族的元宵灯节,说是为了纪念西汉政府最终平定诸吕之乱而设。因事件而设的节日,最典型的便是锡伯族的怀亲节,此节乃是为纪念该族由沈阳成功西迁至新疆察布查尔的历史事件而设。而不论是因人物设节还是为事件设节,都真切地反映出中华民族尊重历史、崇拜英雄的传统,是其浓重历史意识的直接表露。

四、民间传统文化中的节日风俗文化

目前我国汉族的传统节日主要有春节、上元节(元宵节)、清明节、端午节、七夕节、中元节(鬼节)、中秋节、重阳节、冬至节、腊八节等。我们在此重点介绍部分节日。

(一)春节

春节是农历正月初一,又叫阴历年,俗称"过年"。关于春节传说的来历,有许多种说法,"熬年守岁"这个说法是最为普遍的。守岁,就是在旧年的最后一天熬夜迎接新一年的到来的习俗,也叫除夕守岁,俗名"熬年"。传说太古时期有一种凶猛的怪兽,散居在深山密林中,人们管它们叫"年"。它的形貌狰狞,生性凶残,专食飞禽走兽、鳞介虫豸,一天换一种口味,人人谈"年"色变。后来,人们慢慢掌握了"年"的活动规律,它是每隔三百六十五天到人群聚居的地方尝一次口鲜,而且出没的时间都是在天黑以后,等到鸡鸣破

晓，它便返回山林中去了。算准了"年"肆虐的日期，百姓们便把这可怕的一夜视为关口来熬，称作"年关"，并且想出了一整套过年关的办法：每到这一天晚上，每家每户都提前做好晚饭，熄火净灶，再把鸡圈牛栏全部拴牢，把宅院的前后门都封住，躲在屋里吃"年夜饭"，由于这顿晚餐具有凶吉未卜的意味，所以置办得很丰盛，除了要全家老小围在一起用餐表示和睦团圆外，还须在吃饭前先供祭祖先，祈求祖先的神灵保佑，平安地度过这一夜，吃过晚饭后，谁都不敢睡觉，挤坐在一起闲聊壮胆，形成了除夕熬年守岁的习惯。

我国一直沿用的农历是以月亮圆缺的周期为月，将一年划分为十二个月，每月以不见月亮的那天为朔，正月朔日的子时称为岁首，即一年的开始，也叫年，古时的正月初一直被称为"元旦"，直到中国近代辛亥革命胜利后，南京临时政府为了顺应农时和便于统计，规定在民间使用夏历，在政府机关、厂矿、学校和团体中实行公历，以公历的元月一日为元旦，农历的正月初一称春节。

春节是民间最隆重、最热闹的一个传统节日，它也是汉族最重要的节日。在千百年的历史发展中，形成了一些较为固定的风俗习惯，有许多还沿袭至今。过年的前一夜，就是旧年的腊月三十夜，也叫除夕，又叫团圆夜，在这新旧交替的时候，守岁是最重要的年俗活动之一。除夕晚上，全家老小都一起熬年守岁，欢聚酣饮，共享天伦之乐，北方地区在除夕有吃饺子的习俗，在南方有过年吃年糕的习惯，甜甜黏黏的年糕，象征新的一年生活甜蜜。大年初二、初三就开始走亲戚看朋友，相互拜年，道贺祝福，还有拜庙、祭祖等活动，一些地方的街市上还有舞狮子、耍龙灯、演社火、游花市、逛庙会等习俗，一直要到正月十五元宵节过后，春节才算真正结束。

1.送灶神与扫尘。民间腊月二十三日为祭灶日，俗称为"过小年"，亦称小年、小年节。这天送灶神上天言事，因此又称为送灶、辞灶。百姓希望灶神能够"上天言好事,下界保平安",因此祭品也十分有特色,供品有猪头、鱼、豆沙、瓜、果、水饺、麦芽糖和关东糖等,其中以甜食为主,以便封住灶神的嘴。随着社会的不断发展,城市里这一习俗已逐渐消失,人们也只是在小年这一天燃放鞭炮来送灶神,但送灶神的习俗在广大农村还是保存较完整。

2.贴春联。春联也叫门对、春贴、对联、对子、桃符等,它以工整、对偶、简洁、精巧的文字表达美好愿望。春联的"春"字表达了民间百姓对与新年寄予的希望,春天意味着万物复苏,农业生产的新开始,体现了在中国传统农耕文化中春天的重要性。贴春联这一习俗起源于宋代,王安石的《元日》就有"千门万户瞳瞳日,总把新桃换旧符"的诗句,一直流传至今,春联的种类比较多,依其使用场所,可分为门心、框对、横披、春条、斗方等。"门心"贴于门板上端中心部位;"框对"贴于左右两个门框上;"横披"贴于门楣的横木上;"春条"根据不同的内容,贴于相应的地方;"斗斤"也叫"门叶",为正方菱形,多贴在家具、影壁中。每逢春节来临之际,家家户户都会贴春联,期盼来年的好运。

3.贴年画。年画是我国的一种古老的民间艺术,起源于"门神"。门神系道教因袭民俗所奉的司门之神,民间信奉门神,由来已久。《礼记·祭法》云:"庶士、庶人立一祀,或立户,或立灶。"可见在民间,门神和灶神信仰有悠久的历史。门神分为三类,即文门神、武门神、祈福门神。文门神即画一些身着朝服的文官,如天官、仙童、刘海蟾等,武门神即武官形象,如秦琼、尉迟恭等,祈福门神即为福、禄、寿三星。随着雕版印刷术的兴起,年画的内容已不仅限于门神之类单调的主题,变得丰富多彩。在一些年画作坊中产生了《福禄寿三星图》《天官赐福》《五谷丰登》《六畜兴旺》《迎春接福》等精美的彩色年画,以满足人们喜庆祈年的美好愿望。民间流传最广的是一幅《老鼠娶亲》的年画,描绘了老鼠依照人间的风俗迎娶新娘的有趣场面。民国初年，上海郑曼陀将月历和年画二者结合起来，这是年画的一种新形式，这种合二而一的年画，后发展成挂历，对现今产生了深远的影响。

(二)元宵节

每年农历的正月十五日，春节刚过，迎来的就是元宵节，古人称夜为"宵"，所以称正月十五为元宵节。正月十五日是一年中第一个月圆之夜，也是一元复始，大地回春的夜晚，人们对此加以庆祝，也是庆贺新春的延续。元宵节又称为"上元节"，按中国民间的传统，在这天人们要出门赏月、燃灯放焰、喜猜灯谜、共吃元宵、合家团聚、同庆佳节，点起彩灯万盏，以示庆贺。

元宵燃灯的风俗起自汉朝，到了唐代，赏灯活动兴盛。宋代的赏灯活动更加热闹，赏灯活动要进行五天，灯的样式也更丰富。"猜灯谜"又叫"打灯谜"，是元宵节后增的一项活动，出现在宋朝。南宋时，首都临安每逢元宵节时制谜，猜谜的人众多，开始时是好事者把谜语写在纸条上，贴在五光十色的彩灯上供人猜，因为谜语能启迪智慧又饶有兴趣，所以深受社会各阶层的欢迎。明代要连续赏灯十天，这是中国最长的灯节了。清代赏灯活动虽然只有三天，但是赏灯活动规模很大，盛况空前，除燃灯之外，还放烟花助兴。民间过元宵节还有吃元宵的习俗。元宵由糯米制成，或实心，或带馅，馅有豆沙、白糖、山楂、各类果料等，食用时煮、煎、蒸、炸皆可。起初，人们把这种食物叫"浮圆子"，后来又叫"汤团"或"汤圆"，这些名称与"团圆"字音相近，取团圆之意，象征全家人团团圆圆、和睦幸福。随着时间的推移，元宵节的活动越来越多，不少地方节庆时增加了耍龙灯、舞狮子、踩高跷、划旱船扭秧歌、打太平鼓等传统民俗表演。

(三)清明节

清明是我国的二十四节气之一。由于二十四节气比较客观地反映了一年四季气温、降雨、物候等方面的变化,所以古代劳动人民用它安排农事活动。《淮南子·天文训》云:"春分后十五日,斗指乙,则清明风至。"按《岁时百问》的说法:"万物生长此时,皆清洁而明净,故谓之清明。"清明一到,气温升高,雨量增多,正是春耕春种的大好时节,故有"清明前后,点瓜种豆""植树造林,莫过清明"的农谚,可见这个节气与农业生产有着密切的关系。但是,清明作为节日,与纯粹的节气又有所不同,而是最重要的祭祀节日,是祭祖和扫墓的日子,汉族和一些少数民族大多都是在清明节扫墓。我国传统的清明节大约始于周代,已有两千多年的历史,后来,由于清明与寒食的日子接近,而寒食是民间禁火扫墓的日子,渐渐的,寒食与清明就合二为一了,而寒食既成为清明的别称,也变成清明时节的一个习俗。清明节除了讲究禁火、扫墓,还有踏青、荡秋千、蹴鞠、打马球、插柳等一系列风俗体育活动。

1.荡秋千。这是我国古代清明节习俗,秋千的历史很古老,最早叫千秋,后为了避忌讳,改为秋千。古时的秋千多用树桠枝为架,再拴上彩带做成,后来逐步发展为用两根绳索加上踏板的秋千。

2.蹴鞠。鞠是一种皮球,球皮用皮革做成,球内用毛塞紧。蹴鞠,就是用足去踢球,这是古代清明节时人们喜爱的一种游戏,相传蹴鞠是黄帝发明的,最初目的是用来训练武士。

3.踏青。踏青又叫春游,古时叫探春、寻春等。三月清明,春回大地,自然界到处呈现一派生机勃勃的景象,正是郊游的大好时光,我国民间长期保持着清明踏青的习惯。

4.放风筝。放风筝也是清明时节人们所喜爱的活动。每逢清明时节,人们不仅白天放,夜间也放,过去,有的人把风筝放上蓝天后,便剪断牵线,任凭清风把它们送往天涯海角,据说这样能除病消灾,给自己带来好运。

(四)端午节

农历五月初五,是中国民间的传统节日——端午节,端午也称端五,端阳。此外,端午节还有许多别称,如午日节、重五节、五月节、浴兰节、女儿节、龙日等,虽然名称不同,但总体上说过节的习俗还是同多于异的。过端午节,是我国两千多年来的传统习惯,由于地域广大,民族众多,各地也有着不尽相同的习俗。其内容主要有:女儿回娘家,挂钟馗像、迎鬼船、躲午、悬挂菖蒲、艾草,游百病,佩香囊,赛龙舟,比武、击球、荡秋千,给小孩涂雄黄,饮用雄黄酒、菖蒲酒,吃五毒饼、咸蛋、粽子和时令鲜果等。

关于端午节的由来,说法甚多,诸如,纪念屈原说、纪念伍子胥说、纪念曹娥说、吴越民族图腾祭说等。

农历五月已到湿热之时,蛇虫鼠蚁较多,由于儿童少年抵抗力较差,再加上古代的科技水平有限,所以在端午节气来临之时会给小孩穿五毒背心,戴五色线,起到辟邪的作用。在五月端午这天,人们还会赶早买艾草,挂于家门之上,用来驱赶蚊蝇。中国民众普遍把端午节的龙舟竞渡和吃粽子等与纪念屈原联系在一起。我国民间过端午节是较为隆重的,庆祝的活动也是各种各样,比较普遍的活动有两种形式。

1.赛龙舟。赛龙舟,是端午节的主要习俗。相传古时楚国人因舍不得贤臣屈原投江死去,许多人划船追赶拯救,他们争先恐后,追至洞庭湖时不见踪迹,之后每年五月五日划龙舟以纪念之,借划龙舟驱散江中之鱼,以免鱼吃掉屈原的身体。竞渡之习,盛行于吴、越、楚,我国南方的不少临江河湖海的地区,每年端午节都要举行富有自己特色的龙舟竞赛活动。

2.端午食粽。端午节吃粽子,是民间的又一传统习俗。粽子,又叫"角黍""筒粽",其由来已久,花样繁多。据记载,早在春秋时期,用菰叶(茭白叶)包黍米成牛角状,称"角黍";用竹筒装米密封烤熟,称"筒粽"。晋代,粽子被正式定为端午节食品,这时,包粽子的原料除糯米外,还添加中药益智仁,煮熟的粽子称"益智粽"。时人周处在《岳阳风土记》中记载:"俗以菰叶裹黍米,……煮之,合烂熟,于五月五日至夏至啖之,一名粽,一名黍。"南北朝时期,出现杂粽,米中掺杂肉类、板栗、红枣、赤豆等,品种增多。到了唐代,粽子的用米,已"白莹如玉",其形状出现锥形、菱形。宋朝时,已有"蜜饯粽",即果品入粽,诗人苏东坡有"时于粽里见杨梅"的诗句。元、明时期,粽子的包裹料已从菰叶变革为箬叶,后来又出现用芦苇叶包的粽子,料中出现豆沙、猪肉、松子仁、枣子、胡桃等,品种更加丰富多彩。一直到今天,每年五月初,中国百姓家家都要浸糯米、洗粽叶、包粽子,其花色品种更为繁多,从馅料看,北方多包小枣的北京枣粽;南方则有豆沙、鲜肉、火腿、蛋黄等多种馅料,其中以浙江嘉兴粽子为代表。

(五)七夕节

农历七月初七即人们俗称的七夕节,也有人称之为"乞巧节"或"女儿节",是中国传统节日中最具浪漫色彩的一个节日,也是过去姑娘们最为重视的日子。传说在七夕的夜晚,抬头可以看到牛郎织女的银河相会。东晋葛洪的《西京杂记》有"汉彩女常以七月七日穿七孔针于开襟楼,人俱习之"的记载。七夕节最普遍的习俗,就是妇女们在七月初七的夜晚进行的各种乞巧活动,古代七夕乞巧相当隆重,乞巧的方式大多是姑娘们穿针引线验巧,做些小物品赛巧,摆上些瓜果乞巧,各个地区的乞巧方式不尽相同,各有趣味。

如今浙江各地仍有类似的乞巧习俗,如杭州、宁波、温州等地,在这一天用面粉制各种小型物状,用油煎炸后称"巧果",晚上在庭院内陈列巧果、莲蓬、白藕、红菱等,女孩对月穿针,以祈求织女能赐以巧技,或者捕蜘蛛一只,放在盒中,第二天开盒如已结网称为得巧。为了表达人们希望牛郎织女能天天过上幸福家庭生活的愿望,在浙江金华一带,七月七日家家都要杀一只鸡,意为这夜牛郎织女相会,若无公鸡报晓,他们便能永远不分开。

广州的乞巧节独具特色,节日到来之前,姑娘们就预先备好用彩纸、通草、线绳等,编制成各种奇巧的小玩意,还将谷种和绿豆放入小盒里用水浸泡,使之发芽,待芽长到二寸多长时,用来拜神,称为"拜仙禾"和"拜神菜"。从初六晚开始至初七晚,一连两晚,姑娘们穿上新衣服,戴上新首饰,一切都安排好后,便焚香点烛,对星空跪拜,称为"迎仙",自3~5更,要连拜七次,拜仙之后,姑娘们手执彩线对着灯影将线穿过针孔,如一口气能穿七枚针孔者叫得巧,被称为巧手,穿不到七个针孔的叫输巧,七夕之后,姑娘们将所制作的小工艺品、玩具互相赠送,以示友情。

(六)中元节

旧历七月十五日为中元节,与正月十五日的上元节(元宵节)和十月十五日的下元节(仍食寒食,以纪念祖先)同为古老传统节日,佛教和道教对这个节日的意义各有不同的解释。道教着重于为那些从阴间放出来的无主孤魂做"普渡",佛教则强调孝道。道教认为,"三元"是"三官"的别称,上元节又称"上元天官节",是上元赐福天官紫微大帝诞辰;中元节又称"中元地官节",是中元赦罪地官清虚大帝诞辰;下元节又称"下元水官节",是下元解厄水官洞阴大帝诞辰。道教《太上三官经》云:"天官赐福,地官赦罪,水官解厄""一切众生皆是天、地、水官统摄"。中元节时,道教宫观如北京地安门火神庙、西便门外白云观为了祈祷"风调雨顺、国泰民安"照例举办"祈福吉祥道场",佛教徒在这一天要举行盛大的盂兰盆会,也叫盂兰盆斋、盂兰盆供。

七月十五日祭奠亡人,最隆重的要数放河灯了,民家习惯用木板加五色纸,做成各色彩灯,内点蜡烛,有的人家还要在灯上写明亡人的名讳,商行等单位,则习惯做一只五彩水底纸船,称为大法船,希望能将一切亡灵,超度到理想的彼岸世界。七月十五日,民间还盛行祭祀土地和庄稼,将供品撒进田地,烧纸以后,再用剪成碎条的五色纸,缠绕在农作物的穗子上,传说可以避免冰雹袭击,获得秋季大丰收,一些地方同时还要到后土庙进行祭祀,山西定襄县民俗将麻、谷悬挂门首。

(七)中秋节

中秋节有悠久的历史,和其他传统节日一样,也是慢慢发展形成的。古代帝王有春天祭日,秋天祭月的礼制,早在《周礼》一书中,已有"中秋"一词的记载,后来贵族和文人学士也仿效起来,在中秋时节观赏祭拜,寄托情怀,这种习俗就这样传到民间,形成一个传统的活动。一直到了唐代,这种祭月的风俗更为人们重视,中秋节才成为固定的节日,《唐书·太宗纪》记载有"八月十五中秋节"。这个节日盛行于宋朝,至明清时,已与元旦齐名,成为我国的主要节日之一,也是我国仅次于春节的第二大传统节日。

根据我国的历法,农历八月在秋季中间,为秋季的第二个月,称为"仲秋",而八月十五又在"仲秋"之中,所以称"中秋"。中秋节有许多别称:因节期在八月十五,所以称"八月节""八月半";因中秋节的主要活动都是围绕"月"进行的,所以又俗称"月节""月夕";中秋节月亮圆满,象征团圆,因而又叫"团圆节"。在唐朝,中秋节还被称为"端正月"。关于"团圆节"的记载最早见于明代。《西湖游览志余》中说:"八月十五谓中秋,民间以月饼相送,取团圆之意。"《帝京景物略》中也说:"八月十五祭月,其饼必圆,分瓜必牙错,瓣刻如莲花……其有妇归宁者,是日必返夫家,曰团圆节。"中秋晚上,我国大部分地区还有烙"团圆"的习俗,即烙一种象征团圆、类似月饼的小饼子,饼内包糖、芝麻、桂花和蔬菜等,外面有月亮、桂树、兔子等图案。祭月之后,由家中长者将饼按人数分切成块,每人一块,如有人不在家即为其留下一份,表示合家团圆。

1.赏月。在中秋节,我国自古就有赏月的习俗,《礼记》中就记载有"秋暮夕月",即祭拜月神。到了周代,每逢中秋夜都要举行迎寒和祭月。设大香案,摆上月饼、西瓜、苹果、李子、葡萄等时令水果,其中月饼和西瓜是绝对不能少的。西瓜还要切成莲花状。在唐代,中秋赏月、玩月颇为盛行。在宋代,中秋赏月之风更盛,据《东京梦华录》记载:"中秋夜,贵家结饰台榭,民间争占酒楼玩月",每逢这一日,京城的所有店家、酒楼都要重新装饰门面,牌楼上扎绸挂彩,出售新鲜佳果和精制食品,夜市热闹非凡,百姓们多登上楼台,一些富户人家在自己的楼台亭阁上赏月,并摆上食品或安排家宴,团圆子女,共同赏月叙谈。明清以后,中秋节赏月风俗依旧,许多地方形成了烧斗香、树中秋、点塔灯、放天灯、走月亮、舞火龙等特殊风俗。

2.吃月饼。我国城乡群众过中秋都有吃月饼的习俗,月饼最初是用来祭奉月神的祭品,"月饼"一词,最早见于南宋吴自牧的《梦粱录》中,那时,它也只是像菱花饼一样的饼形食品,后来人们逐渐把中秋赏月与品尝月饼结合在一起,寓意家人团圆的象征。月饼最初是在家庭制作的,清袁枚在《随园食单》中就记载有月饼的做法。到了近代,有了专门制作月饼的作坊,月饼的制作越越来越精细,馅料考究、外形美观,在月饼的外面还印有各种精美的图案。

3.其他中秋节的习俗。中国地域辽阔,人口众多,风俗各异,中秋节的过法也是多种多样,并带有浓厚的地方特色。在福建浦城,女子过中秋要穿行南浦桥,以求长寿。在建宁,中秋夜以挂灯为向月宫求子的吉兆。上杭县人过中秋,儿女多在拜月时请月姑。

龙岩人吃月饼时,家长会在中央挖出直径2～3寸的圆饼供长辈食用,意思是秘密事不能让晚辈知道。

广东潮汕各地有中秋拜月的习俗,主要是妇女和小孩,有"男不圆月,女不祭灶"的俗谚。晚上妇女们便在院子里、阳台上设案当空祷拜,桌上摆满佳果和饼食作为祭礼。当地还有中秋吃芋头的习惯,潮汕有俗谚:"河溪对嘴,芋仔食到"。八月间,正是芋的收成时节,农民都习惯以芋头来祭拜祖先。

(八)重阳节

农历九月九日,为传统的重阳节。因为古老的《易经》中把"六"定为阴数,把"九"定为阳数,九月九日,日月并阳,两九相重,故而叫重阳,也叫重九,古人认为是个值得庆贺的吉利日子,并且从很早就开始过此节日。九九重阳,早在春秋战国时的楚辞中已提到了,屈原的《远游》里写道:"集重阳人帝宫兮,造句始而观清都",这里的"重阳"是指天,还不是指节日。三国时魏文帝曹丕《九日与钟繇书》中,则已明确写出重阳的饮宴了:"岁往月来,忽复九月九日。九为阳数,而日月并应,俗嘉其名,以为宜于长久,故以享宴高会。"东晋陶渊明在《九日闲居》诗序文中说:"余闲居,爱重九之名?秋菊盈园,而持醪靡由,空服九华,寄怀于言。"这里同时提到菊花和酒,大概在魏晋时期,重阳日已有了饮酒、赏菊的做法。到了唐代重阳被正式定为民间的节日,明代,九月重阳,皇宫上下要一起吃花糕以庆贺,皇帝要亲自到万岁山登高,以畅秋志,此风俗一直流传到清代。

庆祝重阳节的活动一般包括出游赏景、登高远眺、观赏菊花、遍插茱萸、吃重阳糕、饮菊花酒等活动。

九九重阳,因为与"久久"同音,九在数字中又是最大数,有长久长寿的含意,且秋季也是一年收获的黄金季节,重阳佳节,寓意深远,人们对此节历来有着特殊的感情。1989年,我国把每年的九月九日定为老人节,传统与现代巧妙结合,成为尊老、敬老、爱老、助老的老年人的节日,至今还保留了重阳节的一些习俗。

1.登高。在古代,民间在重阳有登高的风俗,故重阳节又叫"登高节"。相传此风俗始于东汉。唐代文人所写的登高诗很多,大多是写重阳节的习俗,杜甫的七律《登高》,就是写重阳登高的名篇。登高所到之处,没有划一的规定,一般是登高山、登高塔。

2.吃重阳糕。据史料记载,重阳糕又称花糕、菊糕、五色糕,制无定法,较为随意,九月九日天明时,以片糕搭儿女头额,口中念念有词,祝愿子女百事俱成,乃古人九月作糕的本意。讲究的重阳糕要做成九层,状如宝塔,上面还做成两只小羊,以符合重阳(羊)之义,有的还在重阳糕上插一小红纸旗,并点蜡烛灯,这大概是用"点灯""吃糕"代替"登高"的意思,用小红纸旗代替茱萸,当今的重阳糕,仍无固定品种,各地在重阳节吃的松软糕类都称之为重阳糕。

3.赏菊、饮菊花酒。重阳节正是一年的金秋时节,菊花盛开,据传赏菊及饮菊花酒,起源于东晋大诗人陶渊明。陶渊明以隐居出名、以诗出名、以酒出名、也以爱菊出名,后人效之,遂有重阳赏菊之俗。民间还把农历九月称为"菊月",在菊花傲霜怒放的重阳节里,观赏菊花成了节日的一项重要内容。清代以后,赏菊之习尤为昌盛,且不限于九月九日,但仍然以重阳节前后最为繁盛。

4.插茱萸、簪菊花。重阳节插茱萸的风俗,在唐代就已经很普遍。古人认为在重阳节这一天插茱萸可以避难消灾,或佩带于臂,或做香袋把茱萸放在里面佩带,还有插在头上的。茱萸大多是妇女、儿童佩带,有些地方,男子也佩带。重阳节佩茱萸,在东晋葛洪的《西京杂记》中就有记载。除了佩戴茱萸,人们也有头戴菊花的,唐代就已经如此。宋代,还有将彩缯剪成茱萸、菊花来相赠佩带的。清代,北京重阳节的习俗是把菊花枝叶贴在门窗上,"解除凶秽,以招吉祥",这是头上簪菊的变俗。

　　除了以上较为普遍的习俗外,各地还有些独特的过节形式。陕北过重阳在晚上,白天是一整天的收割、打场,晚上月上树梢,人们喜爱享用荞面熬羊肉。待吃过晚饭后,人们三三两两地走出家门,爬上附近山头,点上火光,谈天说地,待鸡叫才回家。夜里登山,许多人都摘几把野菊花,回家插在女儿的头上,以之避邪。

　　在福建莆仙,人们沿袭旧俗,要蒸九层的重阳米果,我国古代就有重阳"食饵"之俗,"饵"即今之糕点、米果之类。宋代《玉烛宝典》云:"九日食饵,饮菊花酒者,其时黍、秫并收,以因粘米嘉味触类尝新,遂成积习"。清初莆仙诗人宋祖谦《闽酒曲》曰:"惊闻佳节近重阳,纤手携篮拾野香。玉杵捣成绿粉湿,明珠颗颗唤郎尝"。近代以来,人们又把米果改制为一种很有特色的九重米果。将优质晚米用清水淘洗,浸泡两小时,捞出沥干,掺水磨成稀浆,加入明矾(用水溶解)搅拌,加红板糖(掺水熬成糖浓液),而后置于蒸笼于锅上,铺上洁净炊布,然后分九次,舀入米果浆,蒸若干时即熟出笼,米果面抹上花生油。此米果分九层重叠,可以揭开,切成菱角。四边层次分明,呈半透明体,食之甜软适口,又不粘牙,堪称重阳敬老的最佳礼馈。一些地方的群众也有利用重阳登山的机会,祭扫祖墓,纪念先人。莆仙人以重阳祭祖者比清明为多,故俗有以三月为小清明,重九为大清明之说。

(九)寒衣节

　　农历十月一日,亦称冥阴节,这一天,特别注重祭奠先亡之人,谓之送寒衣,与春季的清明节,秋季的中元节,并称为一年之中的三大"鬼节"。同时,这一天也标志着严冬的到来,所以也是父母爱人等为所关心的人送御寒衣物的日子。过寒衣节,必不可少的东西有三样:饺子、五色纸、香箔。准备供品一般在上午进行,供品张罗好后,再买一些五色纸及冥币、香箔备用,五色纸乃红、黄、蓝、白、黑五种颜色,薄薄的,有的中间还夹有棉花,准备好这些物品后,就可以祭奠亲人,送去寒衣了。

(十)冬至节

冬至,是我国农历中一个非常重要的节气,俗称"冬节""长至节""亚岁"等,也是我国汉族一个传统节日,至今仍有不少地方有过冬至节的习俗。冬至是北半球全年中白天最短、黑夜最长的一天,过了冬至,白天就会一天天变长。冬至是二十四节气中最早制订出的一个,时间在每年的阳历12月21—23日。

在我国古代对冬至很重视,冬至被当作一个较大节日,曾有"冬至大如年"的说法,而且有庆贺冬至的习俗。《汉书》中说:"冬至阳气起,君道长,故贺。"人们认为:过了冬至,白昼一天比一天长,阳气回升,是一个节气循环的开始,也是一个吉日,应该庆贺。《晋书》上记载有"魏晋冬至日受万国及百僚称贺……其仪亚于正旦。"说明古代对冬至日的重视。古人认为到了冬至,虽然还处在寒冷的季节,但春天已经不远了,这时外出的人都要回家过冬至节,表示年终有所归宿;另外民间往往以冬至日的天气好坏与来到的先后,来预测往后的天气,俗语说:"冬至在月头,要冷在年底;冬至在月尾,要冷在正月;冬至在月中,无雪也没霜"。

现在,一些地方还把冬至作为一个重要的节日来过,北方地区有冬至宰羊,吃饺子、吃馄饨的习俗,南方地区在这一天则有吃冬至米团、冬至长线面的习惯,某些地区在冬至这一天还有祭天祭祖的习俗。

(十一)腊八节

腊八节又称腊日祭、腊八祭、王侯腊或佛成道日,原来是古代欢庆丰收、感谢祖先和神灵(包括门神、户神、宅神、灶神、井神)的祭祀仪式。除祭祖敬神的活动外,人们还要驱疫。这项活动来源于古代的傩(古代驱鬼避疫的仪式),这天我国大多数地区都有吃腊八粥的习俗,腊八粥内除大米、小米、绿豆、豇豆、花生、大枣等原料外,还要加莲子、核桃、栗子、杏仁、松仁、桂圆、榛子、葡萄、白果、菱角、青丝、玫瑰、红豆等。

我国喝腊八粥的历史,已有一千多年,最早开始于宋代。每逢腊八这一天,不论是朝廷、官府、寺院还是黎民百姓家都要做腊八粥。到了清朝,喝腊八粥的风俗更是盛行。在宫廷,皇帝、皇后、皇子等都要向文武大臣、侍从宫女赐腊八粥,并向各个寺院发放米、果等供僧侣食用,在民间,家家户户也要做腊八粥,祭祀祖先;同时,合家团聚在一起食用,或是馈赠亲友。中国各地腊八粥的花样,争奇竞巧,品种繁多。

第三节　民间传统文化中的戏曲文化

一、民间戏曲的主要声腔及其代表剧种

戏曲中的声腔与剧种是两个相关联的不同概念。在戏曲发展早期,剧种与声腔的名称是互相通用的,戏曲声腔既指演唱腔调的来源及其特点,又代表戏曲品种,如元杂剧又称北曲,指流行在北方地区,主要采用北方曲调演唱的地方戏曲品种。后来在长期的发展中,由于多种声腔的不断交流,情况发生了变化。现今"声腔"指一种唱腔音乐的源流、唱奏方式、伴奏乐器、音乐结构原则、音乐风格等多方面所具有的一定特征的统称。

"剧种"是用来区别戏曲品种之间的各种差异的,指在不同地域形成的单声腔或多声腔的戏曲,如河北梆子是以梆子腔为主的单声腔剧种,川剧是由昆腔、高腔、胡琴(皮黄腔)、弹戏(梆子腔)、灯戏组成的多声腔剧种。广泛运用"剧种"这一名词是20世纪50

年代以来的事。据统计,中国的戏曲有三百多个品种,在不同品种之间,有着起源地点、流行地区、文学形式等方面的差别。不同戏曲品种之间的差别,体现在文学形式和舞台艺术的各个方面,但主要表现为演唱腔调的不同。声腔与剧种的关系表现为,一种声腔可以为许多剧种所使用,如皮黄腔这一声腔就在京剧、汉剧、粤剧等剧种中使用。反之,一个剧种也可以包含几种声

腔,如川剧就包括昆腔、高腔、皮黄腔、梆子腔、灯戏五个声腔。

长期以来,在高腔、昆腔、弦索、梆子、乱弹、皮黄诸声腔流布、衍变的过程中,在不同地域形成了许多戏曲剧种,它们又被群众统称为"大戏"或"地方大戏";另一方面,就是清代末叶以来,由民间歌舞、说唱发展而成的戏曲剧种,它们又被群众统称为"小戏""地方小戏"或"民间小戏"。地方大戏与民间小戏有所不同。地方大戏中,生、旦、净、末、丑各行角色齐备,能够反映的题材范围较广阔,既能演出反映宫廷生活和政治、军事斗争的"袍带戏",又能演出反映民间生活和传说的故事戏,处于戏曲艺术发展的高级阶段,是相当完备的戏曲形式。而民间小戏,大抵只有旦和丑或旦和生两种角色以及旦、丑、生三种角色,被称为"两小戏"或"三小戏"。它们的表演有载歌载舞的民间艺术特色,但比较简单,戏剧化的程度还不够。它们只能演出反映民间生活和传说的故事戏,要想表现人物众多的历史题材剧目,必须进一步丰富和发展才有可能。所以,民间小戏还处于戏曲艺术形成的初级阶段。民间小戏的来源主要有两种类型:一种来自民间歌舞;另一种出自民间说唱,歌舞长于动作,说唱长于演唱。[①]小戏的形成,往往是两者交流、融合的结果。

---

①王静. 民间文化的慈风孝行[M]. 宁波:宁波出版社,2013.

(一)昆腔腔系与昆剧

1.昆腔腔系。昆山腔又称昆腔、昆曲或昆剧。元代后期,南戏流经昆山一带,与当地语言和音乐相结合,经昆山音乐家顾坚的歌唱和改进,推动了它的发展,至明初遂有昆山腔之称。1531—1541年,居住在太仓的魏良辅在张野塘、谢林泉等民间艺术家的帮助下,总结北曲演唱艺术的成就,吸取海盐、弋阳等腔的长处,对昆腔加以改革,总结出一系列唱曲理论,从而建立了以笛、鼓板为主,辅以笙、箫、三弦、琵琶、月琴等的伴奏乐队,曲调柔婉优美、圆润舒缓、表情细腻,号称"水磨调"的昆腔歌唱体系,但这时的昆腔也仅仅是清唱。"清唱,俗语谓之'冷板凳',不比戏场藉锣鼓之势,全要闲雅整肃、清俊温润。"之后,昆山人梁辰鱼,继承魏良辅的成就,与郑思笠、唐小虞等对昆腔作进一步的研究和改革。隆庆末,他编写了第一部昆腔传奇《浣纱记》。这部传奇的上演,扩大了昆腔的影响,文人学士,争用昆腔新声撰作传奇,习昆腔演唱者日益增多。于是昆腔遂与余姚腔、海盐腔、弋阳腔并称为明代四大声腔。到万历年间它的影响已从吴中扩展到江浙各地。

万历末,已是"四方歌曲必宗吴门",并且"声各小变,腔调略同",形成了众多流派,一跃而居诸腔之首。昆腔传入北京,又迅速取代了继北曲之后盛行于北京的弋阳腔。它不仅为士大夫所喜爱,而且也深受群众欢迎,遂逐渐发展成全国性剧种,称为"官腔"。

昆腔集南北曲之大成,南曲源于南方民间音乐,用五声音阶,旋律迂回曲折,多用级进,声情多于辞情,宜表现伤感、怀念等情绪。北曲源于北方民间音乐,用于七声音阶,旋律进行中跳进多、音域广、节奏急促,辞情多于声情,宜于表现慷慨激昂之情,其音乐上的艺术成就是史无前例的。无论在曲调旋律、演唱技巧,还是戏剧性的表现手法等方面,昆腔都较以前诸腔更为完美。昆腔的唱腔结构体制属于曲牌体,每一套曲由若干支曲牌连缀而成。在节奏上除通常的三眼一板、一眼一板、叠板、散板外，又出现了赠板，使音乐布局更多变化，缠绵婉转、柔曼悠远的特点也更加突出。在演唱艺术技巧上，注重声音的控制，节奏速度的顿挫疾徐和咬字吐音，并有"豁、叠、擞、嚯"等腔的区分以及各类角色的性格唱法，把传统的民族音乐艺术的成就向前推进了一大步。在音乐配器方面也更为齐全，管乐器有笛、箫、大小唢呐、笙，弦乐器有琵琶、三弦、月琴，打击乐器有鼓板、大锣、小锣、汤锣、云锣、齐钹、小钹、堂鼓。由于以声若游丝的笛为主要伴奏乐器，加上赠板的广泛应用，字分头腹尾的吐字方式以及它本身受吴中民歌影响而具有的"流丽悠远"特色，使昆腔音乐以"婉丽妩媚，一唱三叹"著称。

从明天启初年到清康熙末年的一百余年间，是昆剧蓬勃兴盛的时期，流传面极广，对后世戏曲艺术中的文学、音乐、表演诸方面都有极大影响，清中叶以后昆腔渐衰。其间剧作家的新作不断涌现，戏班竞演新剧，蔚然成风。表演艺术日趋成熟，身段表情、说白念唱、服装道具等日益讲究，已有老生、小生、外、末、净、付、丑、旦、贴、老旦等角色，分工细致。在传播过程中，昆山腔随着各地不同的习惯、方言而向地方化衍变。入清以后，在有当地昆腔艺人和戏班的地方，变化的趋势更加明显。有的在当地独立成班，变为剧种，如现在的湘昆、北方昆曲、永嘉昆曲，有的被吸收，成为当地多声腔剧种的一个组成部分，如京剧、湘剧、川剧、婺剧等，这些地方化了的昆腔，构成了戏曲艺术的昆山腔声腔系统，简称"昆腔腔系"。

2. 昆剧。昆曲剧目共计保留了来源于南戏、传奇作品和少量元杂剧的四百多出折子戏。《琵琶记》《荆钗记》《拜月亭》《牡丹亭》《长生殿》等，都有全谱或接近全谱的工尺谱。昆剧的表演，是一种歌、舞、介、白各种表演手段互相配合的综合艺术。通过长期舞台实践，逐步形成了载歌载舞的表演形式。其舞蹈身段大抵可分为两种：一种是说话时的辅助姿态和由手势发展起来的着重写意的舞蹈；另一种是配合唱词感情的抒情舞蹈。此外，昆腔在念白上也积累了丰富的经验，特别是丑角，说的是以吴语为主的一些江南方言，生活气息浓厚，而且往往运用大段类似快板的韵白，对丰富人物形象起了重要的衬托作用。由于表演艺术的全面发展，角色行当也自然越分越细。老生分副末、老外、老生，小生分官生、小生、巾生，净丑分大面（正净）、白面、二面（也称"付"）、小面（丑），旦分老旦、正旦、作旦（娃娃旦）、刺杀旦、五旦（也称"闺门旦""小旦"）、六旦（也称"贴旦""花旦"）、耳朵旦（杂旦）等。各行角色都在表演上形成一套自己的表演程式和技巧，各种道具运用也有不同的基本功。这些程式化的动作语言，在刻画人物性格、表达人物心理状态、渲染戏剧性和增强感染力方面，形成了昆剧完整而独特的表演体系。昆剧的音乐、表演艺术，在继承前代戏曲艺术成就的基础上，推陈出新，分布南北，对现代全国大部分声腔剧种都有过深刻的影响，为其他声腔剧种的借鉴和发展提供了极为丰富的内容。

昆剧《牡丹亭》是昆腔的代表作之一，为明代汤显祖所作，全名为《牡丹亭还魂记》。剧中表现了封建社会中人们追求个人幸福、反对封建礼教的浪漫主义理想，现在常演出的是其中的《游园惊梦》《春香闹学》《拾画叫画》等几折。

(二)高腔腔系与川剧

1.高腔腔系。高腔因用锣鼓铙钹等打击乐伴奏和运用人声帮腔而区别于其他声腔。行腔灵活自由、通俗、纯朴等特点在明末清初之后传播极广，在与各地语言和民间音乐、戏曲结合后，形成各种不同流派与风格，名称也不一样，因音调高亢而统称为"高腔"。高腔腔系包括赣剧的高腔，湖北的清戏，湖南的长沙、常德、祁阳、辰河诸高腔，四川的川剧高腔，云南的滇剧高腔，北京的京腔以及浙江的临安、西吴、侯阳诸高腔，还有广东、福建等省某些剧种中保存的高腔。

由于几百年的流变,各地高腔有不同的音乐风格,除音调外,在结构形式上也有所改变,有的还加入了弦管伴奏。现今各高腔剧或多或少地只有各地的地方特点,音乐上的个性甚为突出。在语言上,各地高腔均采用当地方言,虽然有些剧种采用了中州韵,但在语调上仍保持了方言的特色。在演出形式上,绝大多数高腔剧种具有锣鼓助节、众人帮腔的特点。但有的经过数百年的变迁有较大的变化,如湖南辰河高腔以唢呐代替人声帮腔,别有情致,浙江的西吴、松阳高腔,加入了小型管弦乐队,同时保留锣鼓及帮腔,使清唱与伴奏、帮腔交替出现。数十年来,川剧、湘剧、赣剧等高腔加入弦管伴奏的现象较为普遍,形式也多种多样。

高腔诸剧种的曲牌有数百支之多,牌名沿用南北曲,但与昆曲同名曲牌作对照,其音调、节奏、调式等区别甚大。有些曲牌几乎就是当地民歌在音阶调式上的高腔化,高腔诸剧种虽然尚有南曲五声音阶的特点,但又有些演变。有的高腔剧种是五声音阶与七声音阶并用,有时又出现 fa、si 二音之外的其他变化音,但在旋律进行上仍带有五声音阶的特点,因 fa、si 二音或作装饰音使用,或构成临时移宫性质。在长短句词格中,有连续出现五言、七言的上下对称句式,即"滚唱",用于曲牌之外的称为"畅滚",穿插于曲牌之内的称为"加滚"或"夹滚",这种滚的形式,因带有吟诵因素,使其具有抒情及吟诵两种不同功能的曲调类型。这种滚唱形式,至今仍为川剧高腔、湘剧高腔以及中南、西南地区诸高腔剧种所沿用,并且在滚唱与曲牌的组合形式上,也有一些新的发展。

各地高腔,多按同宫相依原则把曲牌分成若干类。如川剧高腔分"端正好""新水令""江头桂""香罗带""红纳袄""梭梭岗"等类,长沙高腔分"金莲子""驻马厅""汉腔""四朝元""锁南枝""山坡羊"等类。浙江诸高腔则无严格分类,只要各曲牌音域、定调适合,均可组合运用。

高腔诸剧种均有帮腔,这是其他腔系所没有的。从其帮腔的功能及形式来看,大致是:如曲首帮腔先出现,有预示全曲意境或感情的作用,如在逗句之间只帮一个字甚至只在尾腔帮一个音的,这有强调语气、分清句逗的作用,如用第一人称口吻帮腔,有揭示剧中人物内心活动及抒发感情的作用,如用第三人称的帮腔,有表示同情或表示讥讽的作用,如无唱词只有音调起伏的帮腔,则有烘托气氛或点染环境的作用,如在曲尾帮腔,一般具有总结性或提问性质以造成悬念。至于帮腔的形式,也多种多样,一般有一字一帮的,有帮片断唱词的,帮全句唱腔的,帮连续几句的,或只帮不用独唱的,有音调而无具体词句的,且有低唱高帮、高唱低帮、紧唱宽帮、宽唱紧帮、先唱后帮、先帮后唱、文帮武帮等。文帮与武帮的区别,主要在于帮腔时用不用锣鼓。高腔的唱腔结构属曲牌体,唱腔较口语化,有一板三眼(四四拍)、一板一眼(四二拍)、有板无眼(四一拍)和散板(自由节奏)等节拍形式。

2.川剧。川剧又称川戏,是流行于四川全省、重庆市以及贵州、云南部分地区的戏曲品种。有三百多年的历史。音乐由几种主要声腔系统的腔调和演唱形式,结合四川地方语言、民歌和其他民间音乐而成。包括昆(昆腔)、高(高腔)、胡(胡琴戏即皮黄戏)、弹(弹戏即梆子腔)、灯(灯戏或灯调)五种声腔。各种声腔早期分班演出,辛亥革命后,逐渐汇合在一起。由于四川各地区语言的差异,唱腔又形成不同"河道",如资阳河(自贡、资阳、资中等地)、川北河(南充、遂宁等地)、泸州河(泸州、宜宾等地)、下川东(重庆、万县等地)和川西坝(成都附近)。

川剧剧目以高腔戏最为丰富,在音乐方面以高腔最有代表性,有三百余种曲牌。包括"唱"(演员的演唱)、"帮"(帮腔,乐队或其他人员的帮唱)、"打"(打击乐伴奏)三方面。曲调富于抒情性而又具有多种形式的帮腔与一般为叙述性较强的唱腔（多为自由板和流水板）密切结合，和谐而有对比。配合以打击乐器，能适应表现各种人物和剧情的需要。

胡琴戏，即皮黄腔。约于清道光中叶传入，逐渐与四川地方语言及川剧锣鼓结合，形成具有地方色彩的唱腔和伴奏音乐。剧目有《长生殿》《二进宫》《五台会兄》等。唱腔主要有二黄和西皮两种腔调。其板式，除老调二黄只有一字板（四四拍子）外，其他腔调均有一字、二流、三板、滚板等。

川剧中的昆腔称为川昆。共剧目、情节、曲牌格律、唱词、腔调等，与南昆几乎全同，唯唱法已具四川地方色彩，道白基本改用川白。剧目有《议剑》《醉打山门》《醉隶》《东窗修本》等，还有一些与高腔合演的剧目，如《斩巴》《打擂见姑》等。也有将昆腔用作高腔曲牌或胡琴戏、弹戏唱腔首句的（即"昆头子"），也有将昆腔用于某一剧目、某一人物及特定情节中的。昆腔曲牌也大量用作器乐曲牌。

弹戏，即四川梆子腔，又称盖板子，因以盖板子为主奏乐器而得名。系秦腔传入四川后，与四川语言及地方音乐结合而成。剧目有《祭江》《拷红》等。音乐高亢激越，活泼优美。有苦皮、甜皮两类腔调，甜皮开朗欢快，苦皮悲痛激愤。

灯戏，或称灯调、花灯。曲调来源于四川民歌、小曲、说唱音乐及外地的民歌、戏曲（如眉户），形式短小，曲调活泼明朗。演唱小调、曲牌的称为"灯"（或"唱花灯"），能表演故事情节的为"戏"，剧目有《请长年》《五子告母》等。常用的腔调为灯句子，随人物、情节、感情和身段变化的需要而变化反复。此外，还有望山猴、补缸调、骂鸡调、梅花调、鲜花调等，主奏乐器为大筒胡琴（琴杆粗短、琴筒较大），如川剧《打神》。

(三)梆子腔腔系与秦腔、豫剧

1.梆子腔腔系。梆子腔又有乱弹、秦腔等名称,以使用两根长20厘米的枣木梆为节奏乐器而得名,源于陕西、山西一带的民间曲调。清康熙以来,秦腔广泛流传,同各地语言和民间艺术结合,逐步形成各地的梆子剧种。清人严长明在《秦云撷英小谱》中指出:"燕京及齐、晋、中州,音虽递改,不过即本土所近者少变之。"李调元《剧话》说秦腔"始于陕西,以梆为板,月琴应之,亦有紧慢,俗呼'梆子腔',蜀谓之'乱弹'"。现在河北、山东、山西、河南、安徽等地区形成的梆子剧种,如河北梆子、河南梆子(豫剧)、山西梆子(晋剧)、山东梆子等以及川剧中的弹戏(盖板子)、粤剧、赣剧、滇剧等使用的声腔中都有和梆子腔有渊源关系的声腔,这些声腔形成了"梆子腔声腔系统"。其中以山、陕梆子(陕西同州梆子和山西蒲州梆子)历史最久,随山、陕商帮流布各地,对湖北、江西、广东、福建、浙江、安徽、云南、贵州等地方戏曲的变迁都有过重要影响。如湖北兴起的西皮腔就脱胎于梆子腔,安徽的石牌腔(吹腔、枞阳腔)也和秦腔有渊源关系。梆子腔运用整齐句式和板式变化为主的音乐结构,是戏曲艺术形式上一次新的变革发展。其音乐风格高亢激越,文辞通俗易懂,使戏曲艺术更加群众化。梆子腔的主要伴奏乐器是板胡、枣木梆。

现存梆子声腔音乐的流传与衍变有以下几种不同的情况:①单一梆子声腔流传的剧种,如陕西的秦腔,同州梆子,山西的蒲州梆子,河南梆子(豫剧),山东梆子,河北的河北梆子,老调梆子,安徽的淮北梆子等十几个剧种;②在多声腔剧种中作为一个独立声腔出现,仍保持它传统的剧目和独立演出的形式,如川剧中的"弹戏",滇剧中的"丝弦腔"等;③在发展过程中已与其他声腔结合,但还保持着浓郁的梆子腔特性,如浙江的绍剧,其主要唱腔"二凡"音调高亢激越,伴奏乐器以板胡为主,与西秦腔有明显的渊源关系;

④与其他声腔合流,但仍保留有某些梆子腔的因素。如皮黄腔系中的西皮腔、粤剧中的"梆子"、湘剧中的"北路"、滇剧中的"襄阳",拿它们与"梆子腔"进行音乐上的分析对比,可发现相互间的亲密关系;⑤作为一种声腔在一个剧种里单独使用,如京剧中的南梆子,它没有保留梆子腔系的传统剧目及独立演出形式,仅声腔是独立的。

在音阶、调式方面,大部分梆子腔剧种均用七声音阶及徵调式,但也有某些不同之处,如秦腔、同州梆子、蒲剧、川剧弹戏等有"苦音""欢音"之分,而河南、山东、安徽许多梆子剧种则无此区分。河北梆子有"反调",其他剧种则无。另如山西上党梆子,则不用fa音而出现si音,具有向下方四度临时移宫的特点,而五声音阶本质不变。浙江绍剧的主要曲调"二凡",也有这种特点。

在板式方面,梆子腔是中国戏曲声腔中最早采用板腔体结构的戏曲声腔。在戏曲中,以某一基本曲调为基础,通过节拍、节奏、速度、旋律、调式、调性等变化,派生出一系列曲调,这些曲调统称为板式。一般梆子剧种均分成八种(正板五种:原板、慢板、流水、快流水、紧打慢唱;辅板三种:倒板、散板、滚板),河南梆子却分得很细,如慢板还包括"金钩挂""迎风板""连环扣",在"二八板"中又有"联板""狗撕咬""垛子""呱哒嘴"(对偶句)等。绍剧的"二凡",全部采用散拍子,只有速度及伴奏形式的差异,它是全国所有剧种中,唯一全部采用散节拍的。由这些板式组成一个声腔或剧种的唱腔,这种唱腔体式就是板腔体结构。板腔体结构的确立和发展对中国戏曲音乐有极大影响。

梆子腔的唱腔结构严谨,较规则。唱词属诗赞体系的整齐句式,以对偶性的七字句、十字句为主。与唱词结构相应,基本唱腔是两句对称性的唱腔组成段式,每句唱腔按词逗分为三个或四个腔节,腔节间有小过门相连——除散板外,其余板式多采取眼起板落的字位节奏,即每句第一个字起于眼或后半拍上,最后一个字落在板上。节奏富于动感,曲调进行中跳动较大,风格粗犷、刚健。

2.秦腔。对于秦腔的起源说法不一,一般认为出自陕西、甘肃及山西的民歌小曲,由民间流行的弦索调演变而成。因采用梆子击节,作"桄、桄"声,又名梆子腔或"桄桄子"。陕西、甘肃一带古为秦地,故称秦腔,主要流行于陕西、甘肃、宁夏。初刘献廷在《广阳杂记》中说:"秦优新声,有名乱弹者,其声甚散而哀。"广阳即今北京,可知当时乱弹已流传至北京。康熙末至乾隆、嘉庆年间,秦腔盛行,足迹几乎遍及全国各地,在陕、甘一带,逐渐形成同州腔、礼泉腔、渭南腔、陇州腔、陇西梆子腔等。后来,在陕西省内秦腔又发展成为东、西、中、南四路。东路秦腔,又称东府(同州府)秦腔、东路戏、同州梆子,流行于华县、华阴、潼关、大荔(同州)等地,唱腔音调与山西蒲州梆子近似。西路秦腔,又称西府(凤翔府)秦腔、西路戏,流行于凤翔、宝鸡、岐山、眉县、陇县一带。中路秦腔,又称西安乱弹、西安梆子。此外,还流入陕南,衍变为汉调桄桄,流行于汉中、安康地区,也叫南路秦腔。现东西两路戏,基本上已被西安乱弹所代替。

秦腔的唱腔分为欢音、苦音两类,欢音长于表现喜悦、爽快的情绪,苦音长于表现悲愤、凄凉的情感,可依据戏剧情节和人物的需要加以运用。唱腔为板式变化体,使用的板式有:①慢板,一板三眼,不用锣鼓只用鼓板起唱的叫"安板",用锣鼓开起的叫"塌板";②二六板,一板一眼,用指板(牙子)起唱的叫"摇板",用锣鼓起唱的叫"带板";③伐板,有板无眼,有紧打慢唱与垛板之分;④起板、尖板(箭板,或称垫板);⑤滚板,即滚白。

伴奏乐队分文、武场。文场,早年以二股弦为主,又称二弦,琴杆较短,弦用牛筋,用弓拉奏,定弦la、mi,发音尖细清脆。后弃二弦,以呼胡(或称板胡)为主奏乐器,其他有笛、三弦、月琴(四弦)、京胡、唢呐、大号等。武场为打击乐,有指板、干鼓、暴鼓、战鼓、钩锣(大锣)、手锣(小锣)、马锣、大钹、小钹、水水等。秦腔的角色,分四生、六旦、二净、一丑,计十三门,又称"十三头网子"。秦腔的传统剧目大多出自民间文人之手,题材广泛,内容丰富,有周、秦至清的各代历史故事戏、神话戏、民间传说戏以及社会风情戏等。整本戏多,折子戏少。陕西省剧目工作室抄存的传统剧目就有两千多本。经常演出的剧目有《春秋笔》《八义图》《紫霞宫》《和氏璧》《惠风扇》《玉虎坠》《麟骨床》《鸳鸯被》等。

3.豫剧。豫剧也称河南梆子,传入开封一带的,形成祥符调;传至商丘一带的,形成豫东调;流入洛阳的一支,发展为豫西调;流入漯河的一支,被称为沙河调。在上述四个支派中,以祥符调的力量最为雄厚,它与沙河调、豫东调比较接近,一般统称为豫东调,以商丘、开封为活动中心,在发声上多用假嗓,音域较高,俗称"上五音"。豫西调以洛阳为中心,多用真嗓,音域较低,俗称"下五音"。前者激越、轻快,后者悲凉、缠绵。

豫剧唱腔结构为板式变化体。主要板式有五类:慢板类、二八板类、流水板类、飞板类、其他板类(包括狗嘶咬、呱哒嘴、垛子、大小栽板等)。其伴奏乐器,过去有"一鼓二锣三弦手,梆子手钹共八口"组成场面之说,现在主要伴奏乐器有板胡、二胡、三弦、月琴、皮嗡、笛子、唢呐、琵琶、鼓板、梆子、大锣及二锣。伴奏所用的曲牌共三百余种。豫剧的音乐曲调流畅,节奏鲜明,文场柔和舒畅,武场炽烈劲道,艺术风格豪迈激越。豫剧的角色行当分为如下几种:①四生,包括老生、大红脸、二红脸、小生;②四旦,包括青衣、花旦、老旦、彩旦;③四花脸,包括黑脸、大花脸、二花脸、三花脸。演出剧目有《花木兰》《破洪州》《秦香莲》《对花枪》《唐知县审诰命》《花打朝》《梵王宫》《朝阳沟》等。

（四）皮黄腔腔系与京剧

1.皮黄腔腔系。皮黄腔是西皮腔和二黄腔的合称，以二黄腔及西皮腔作为主要腔调的剧种，均属皮黄腔系。如徽剧、汉剧、京剧、粤剧、湘剧、赣剧、桂剧中的南北路及川剧胡琴腔、滇剧的襄阳腔、胡琴腔等，全国共有二十多个剧种。西皮腔，一般认为源于梆子腔，山、陕梆子腔流传至湖北襄阳一带，演变为襄阳腔，后称湖广腔，又称西皮。其后传至各地，湘剧称为北路，粤剧称为梆子，滇剧称为襄阳调等。二黄腔的来源说法不一，有人认为即宜黄腔，系安徽石牌腔（吹腔）传至江西宜黄，逐步演变而成，伴奏乐器由笛改为胡琴，亦名胡琴腔。有人认为系由安徽的四平腔发展演变而来，明末清初由弋阳腔演变而成的四平腔，后来舍弃徒歌、帮腔形式，采用器乐伴奏，变为徽调中的吹腔与拨子，吹腔改为胡琴伴奏，变为四平调，即平板二黄，流传至湖北发展成为二黄腔，湘剧称为南路，滇剧称为胡琴。

总之，二黄腔是在长江中游一带南方音乐土壤中诞生的，西皮、二黄合成为一个声腔剧种当始于湖北汉调。皮黄腔以京胡、月琴、京二胡为主要伴奏乐器（俗称"三大件"），配以笙、笛、唢呐和整套打击乐器。

西皮腔和二黄腔是两个自成体系的独立声腔，都是板腔体结构，但音乐性格不同。西皮、二黄各有其板式类别，以不同的板式变化表达各种感情。就其腔调而言，西皮刚劲有力，音程跳动较大，节奏形式多样，具有高亢跳跃、轻快活泼的特点。二黄流畅平和，节奏较稳定，速度较慢，有低回婉转、端庄凝重的特点，具有南方音乐性格，宜于表现悲伤、感叹之情。两腔又各有反调（反二黄和反西皮），由于各类腔调不同，其主要伴奏乐器亦有不同的定弦法，二黄为 sol、re，西皮为 la、mi，反二黄为 do、sol，反西皮为 la、mi（或为 re、la）等。皮黄腔的板眼节奏形式同梆子腔，有一眼板、三眼板、无眼板和散板,但各有不同的板式名称。皮黄腔的唱腔按行当分为生腔(包括老生、净角、小生)和旦腔(包括青衣、花旦)两大类。一般情况下旦腔比生腔高五度,二者的基本调式、旋律活动的音区和常用乐汇等均不同。皮黄腔音乐具有丰富的表现能力,在近代戏曲中具有广泛影响,流传全国,繁衍出许多剧种,京剧的出现成为皮黄腔发展的高峰。

2.京剧。京剧是以皮黄腔为主的全国性戏曲剧种之一,有近二百年的历史,因形成于北京而得名。1790年起,四大徽戏班先后进京,带进了皮黄腔。19世纪初,湖北汉戏艺人李六、王洪贵等进京参加徽班演出,又加进西皮腔。西皮、二黄的合演,为京剧的形成打下了基础。其后,徽班在艺术上又进行了一系列改革,吸收昆曲、秦腔等戏曲艺术的长处,吸收了其他剧种的剧目、唱腔和表演艺术,吸收了当地的民间曲调,使自己在艺术上渐趋成熟。

京剧正式形成约在1840年以后。其唱腔、板式基本完备,语言也已形成自身的特点,演员中出现了余三胜、张二奎、程长庚三位著名老生,称为"三鼎甲"。19世纪后半期至20世纪初,有谭鑫培等一代新人出现。谭鑫培是这一阶段杰出的代表,他博采众长,继承余、张、程等的表演技巧而又有所创新,成为以后京剧老生的一代宗师。这时京剧不仅广受群众欢迎,而且得到清王朝统治者的赞赏,逐渐取代了昆剧的地位而影响全国。从此,京剧名师辈出,到中华人民共和国成立前后,老生有言菊明、谭福英、马连良、周信芳、李少春、杨宝森等;旦角有王瑶卿、梅兰芳、程砚秋、苟慧生、尚小云等;武生有盖叫天、厉慧良等;小生有姜妙香、叶盛兰等;净角有金少山、裘盛戎、袁世海等;老旦有龚云甫、李多奎等;丑角有肖长华、刘斌昆等;琴师有孙佑臣、王少卿、杨宝忠等。各个行当在唱腔、表演、念白等方面都独创,自成一派,将京剧艺术推到了鼎盛时期。

京剧约有一千多个传统剧目,故事大多取材于"列国演义""西汉演义""三国演义""隋唐演义""西游记""杨家将""水浒传""说岳全传"等,也有从昆剧和其他地方小戏、民间歌舞中移植过来的,范围十分宽泛。

京剧唱腔以皮黄腔为主:二黄腔苍凉深沉,长于抒发悲沉激愤之情,有正二黄与反二黄之分,板式有导板、迴龙、慢板、慢三眼、中三眼、快三眼、原板、散板、摇板、滚板等。西皮腔刚劲明快,长于表现灵活、昂扬、欢快之情,板式有导板、慢板、慢三眼、快三眼、原板、二六、流水、快板、散板、摇板等。除皮黄腔外,京剧还有南梆子、四平调、离拨子、吹腔、昆腔和许多民间小调等,唱腔插在西皮腔、二黄腔中使用,或单独使用。

不同行当的唱腔也有区别,西皮、二黄各分生腔和旦腔两类,后者是前者派生出来的。老生、花脸、老旦、武生等,唱生腔,但具体旋法有些不同;青衣、花旦、小生、小旦等,唱旦腔,具体旋法也不同。各名家所创的流派在唱腔、风格、旋律乐汇、诵腔方法等方面都不尽相同,各有特色。京剧演唱也很讲究,注重按字行腔,要求字正腔圆,声情并茂。传统京剧语言保留了湖广音和中州韵,现已有向北京语言靠拢的趋势。京剧器乐文场以京胡为主,辅以京二胡、小三弦,有时还用笛、笙、唢呐、海笛等。武场有鼓板、大锣、小锣、铙,有时用堂鼓、水铙、碰铃、大铙等。参见传统京剧《文昭关》(二黄慢板)、《失街亭》(西皮原板)、《空城计》(西皮二六)、现代京剧《红灯记·光辉照儿永向前》(二黄原板)。

二、其他地方的民间戏曲

(一)河北评剧

评剧原名"平腔梆子戏",俗称"唐山落子""蹦蹦戏"。它的前身为来自河北东部滦州的"对口莲花落"和东北二人转。莲花落是一种化妆坐唱的曲艺形式;东北二人转原是民间歌舞形式,边唱边舞,带有简单的情节,又叫"蹦蹦"。二人转入关后,莲花落艺人成兆才等吸收了蹦蹦的音乐、剧目、表演,将曲艺形式对口莲花落改为第一人称表演,群众称之为"蹦蹦戏",形成了评剧的雏形。1909年,莲花落进入唐山,颇受煤矿工人的欢迎,被称为"唐山落子",后又采用了河北梆子全套乐器,被称为"平腔梆子戏"。再后来又吸收了京剧、皮影、大鼓等音乐和表演艺术,评剧得到了更大的发展。

评剧的早期演员有金菊花(杜之意)、月明珠(任善峰)、成兆才等,成兆才是评剧的奠基人和剧作家。评剧唱腔具有流畅自然、明白如话的特点。基本板式有四种:①慢板,一板三眼,头眼起,板落,上下句反复,每句四小节,速度较慢,曲调性较强,宜于抒情,原为女腔专用。另外,还有反调慢板,为正调的下四度调,曲调低沉委婉,宜于表现倾诉、回忆;②二六,一板一眼,应用广泛,具有抒情、叙述两种性质。其中有原板二六、闪起、板落,上下句反复,每句四小节,系慢板的紧缩形式,明快活泼。小生二六、眼起、板落,上下句反复,每句四小节,速度平缓,为生角的基本腔调;③垛板,一板一眼,板起、板落,上下句反复,每句四小节,节奏鲜明,朗诵性强,用于表现激动紧张的叙述或斥责;④流水,有板无眼或散板,有紧流水、慢流水之分,用于表现强烈的悲愤、惊讶和呼号。另外,还有专用于某些剧目中的腔调,如喇叭腔(喇叭牌子)、补缸调、孟姜女调等。主要伴奏乐器为大弦(板胡)及嗡子(二胡)、笛、笙、三弦、低胡等。剧目有《花为媒》《杜十娘》《杨三姐告状》《刘巧儿》等。《刘巧儿》是评剧的著名剧目之一,原为陕北著名说书艺人韩起祥根据真人真事所编的《刘巧儿团圆》,20世纪50年代改编为评剧,由著名演员新凤霞演刘巧儿,大受欢迎,其中主要唱段在北方几乎家喻户晓。故事讲述了少女刘巧儿早就有对象赵振华,但因其父贪财,退去旧约将刘巧儿卖给了丑财主王寿昌,乡政府不知底细错判此案,后地区马专员下乡,依靠群众弄清事实,才使刘巧儿与赵振华喜结良缘。

(二)浙江越剧

越剧原系浙江湖州一带民间曲艺"三跳"流传至嵊县,结合当地语言及"呼牛山歌"等,逐步融合而成的民间小型戏曲。1909年第一次登上农村舞台,剧目多反映农村生产活动和生活琐事,如《箍桶记》《童养媳归娘家》《卖婆记》等。唱腔为上、下句变化反复,曲尾加"啊呵令哦令哦"人声帮腔的"令吓调"。只用一绰板及一扁小鼓压拍打花点伴奏,全由男性业余演员演唱。群众称为"的笃班"或"小歌班"。1912年进入上海,演出于草棚舞台,逐步丰富曲调,扩大剧目,加上二胡、三弦等乐器伴奏,改名"绍兴文戏"。1923年在嵊县施家岙开办女子小歌班,训练半年进入上海小型剧场,改名"绍兴女子文戏",以女子反串男角招徕观众,盛极一时,涌现了姚水娟、筱丹桂等著名演员。

音乐上,越剧吸收了皮黄过门及绍兴大班的曲调、锣鼓等,二胡定弦为la、mi,故名"四工调"。1943年由著名演员袁雪芬、范瑞娟等成立"雪声剧团",改称"新越剧"。在语言上吸收中州音韵并与浙江官话结合;在音乐上逐步从上、下句变化反复发展为四句式的基本调,并逐步形成慢板、中板、快板、小板、弦下调、南调等不同板式。在伴奏音乐方面,兼用中西乐器,扩大了音色及多声部配乐形式。在行当方面,老生、净角、小丑的唱腔也有所发展,初步形成几种生旦唱腔流派。二胡定弦改为sol、re,故名"合尺调",简称"尺调"。

越剧的主要剧目有《梁山伯与祝英台》《红楼梦》《西厢记》《追鱼》等,著名演员有袁雪芬、范瑞娟、傅全香、徐玉兰、王文娟等。越剧采用小型民乐队伴奏,有越胡、三弦、月琴、琵琶、笙、箫、笛、大胡、鼓板等乐器,吸取了歌剧和电影音乐的伴奏方法,注意发挥各种乐器的性能及运用不同的乐器组合以适应剧情的需要。

(三)安徽黄梅戏

黄梅戏原名黄梅调、采茶戏,是在皖、鄂、赣三省毗邻地区以黄梅采茶调为主的民间歌舞基础上发展而成的。其中一支东移到以安徽怀宁为中心的安庆地区,用当地语言歌唱,被称为怀腔或怀调,这就是今日黄梅戏的前身。黄梅戏的发展大致经过了三个阶段。

1.约从清代乾隆末期到辛亥革命前后。初从歌舞发展成"两小戏"和"三小戏",后又吸收当地流行的一种叫"罗汉桩"的说唱艺术,并受青阳腔和弹腔(指徽调)的影响,产生了故事完整的本戏。这一阶段,积累的剧目,号称"大戏三十六本,小戏七十二折"。大戏如《乌金记》(又名《桐城奇案》)、《七仙女下凡》等,小戏多表现农村劳动者的生活片断,如《打猪草》《卖斗箩》等。曲调有各种民歌体的"花腔"和板式变化体的"平词""火攻""二行""三行""仙腔"等,还有介乎二者之间的"彩腔"。演唱时,只用打击乐器伴奏,人声帮腔,以载歌载舞为特点,表演着重对自然生活的细致模拟,而无固定程式。演员绝大部分是农民和农村手工业劳动者。演出以业余为主,后来出现了利用农闲活动的半职业班。演唱场所或在平地,或用牛车拼成简易舞台。服装道具,甚至锣鼓,往往向当地观众借用。每个班社的成员很少,一般是"三打七唱"(三人操打击乐器,七个演员),这个时期的黄梅戏,基本上还是农村劳动者一种自唱自乐的文艺形式。

2.从辛亥革命到1949年。黄梅戏逐渐职业化,并从农村草台走上了城市舞台。辛亥革命后,安庆周围出现了比较固定的班社,如怀宁县的白云芳班、望江县的合意堂,一批演唱黄梅戏的农民和手工业劳动者也逐渐成了职业戏曲艺人,先是分散清唱,影响日渐扩大,后进入固定场所,做营业性演出。黄梅戏进城后,受到京剧和其他剧种影响,编排、移植了一批新剧目,其中有连台本戏《文素臣》《宏碧缘》《华丽缘》《蜜蜂记》等,音乐方面取消帮腔,试用京胡伴奏,表演方面亦因与京剧同台而有所丰富和提高。

3.中华人民共和国成立后,黄梅戏迅速发展,从流行于安庆一隅的民间小戏,一跃而成为安徽的地方大戏。1953年成立安徽省黄梅戏剧团后,在老艺人和新文艺工作者的合作下,先后整理、改编了《打猪草》《夫妻观灯》《推车赶会》《天仙配》《女驸马》《赵桂英》《三搜国舅府》等传统剧目。编演了神话剧《牛郎织女》和现代戏《春暖花开》《小店春早》等。其中《天仙配》《女驸马》《牛郎织女》《小店春早》已摄制成影片。

音乐方面增强了“平词”类唱腔的表现力,突破了某些“花腔”专戏专用的限制,吸收了民歌和其他音乐成分,创造了与传统唱腔相协调的新腔。伴奏上,不再是“三打七唱”,而是建立了以中国乐器为主的中、西混合乐队。在表演上,保持了载歌载舞的特点,继承了富有生活气息的传统表演,同时通过排演新戏和拍摄影片,吸收了其他表演艺术之长,提高了表现力。黄梅戏唱腔委婉清新,表演细腻动人,现已成为颇受全国广大观众欢迎的剧种之一。

(四)湖南花鼓戏

湖南花鼓戏是湖南各地地方小戏花鼓、灯的总称。其中有流行于湘中、湘东和洞庭湖滨的长沙花鼓戏,流行于常德地区的常德花鼓戏,流行于湘北岳阳、临湘一带的岳阳花鼓戏,流行于衡阳地区的衡阳花鼓戏,流行于邵阳地区的邵阳花鼓戏,流行于湘南祁阳、零陵、东安一带的花鼓灯和流行于湘南的道县、宁远、蓝山、新田等县与调子班合流的零陵花鼓戏。它们各有不同的舞台语言和音乐风格,形成了各个不同的支派。

花鼓戏源于民歌,开始为一旦一丑演唱的花鼓戏初级形式,后发展成“三小”(小旦、小丑、小生)戏,而且演出形式也具有一定规模。早期的花鼓戏，只有半职业性班社在农村做季节性演出，农忙务农，农闲从艺。光绪以来，这种班社发展较快，仅宁乡、衡阳两县就有几十副"行箱"，艺人近二百人。训练演员采取随班跟师方式，也有收徒传艺的，称"教场"或"教馆"，每场数十天，教3～4出戏。过去，由于花鼓戏经常遭受歧视和禁演，各地花鼓戏班都曾兼演当地流行的大戏剧目以作掩护，这种戏班称"半台班"或"半戏半调""阴阳班子"。中华人民共和国成立后，各地分别成立专业剧团，进入城市剧场公演。各地花鼓戏传统剧目，总计四百多个，以反映民间生活为主，多以生产劳动、男女爱情或家庭矛盾为题材，语言生动，乡土气息浓厚。1949年后，花鼓戏艺术有较大发展，不但整理了如《刘海砍樵》《打鸟》等传统戏，而且创作了《双送粮》《姑嫂忙》《三里湾》等不少现代戏。《打铜锣》《补锅》《送货路上》《野鸭洲》等已摄制成影片。

花鼓戏的音乐曲调有三百余支，基本上是曲牌连缀结构体，辅以板式变化，根据曲调结构、音乐风格和表现手法的不同，可分为四类：①川调，或称正宫调，即弦子调，大筒、唢呐伴奏，源自四川梁山县（今梁平县）灯戏中胖简筒调，故被称为川调或梁山调，与湖南方言和民间音调结合后，成为主要唱腔，并已发展了一流（四四拍，慢速）、二流（四二拍、中速）、三流（四一拍，快速）和导板等板式。基本结构为上下句结构，句间有固定过门，用大筒胡琴伴奏，表现力丰富。曲调由过门乐句与唱腔乐句组成，调式、旋律变化丰富，是花鼓戏的主要唱腔；②打锣腔，又称锣腔，曲牌连缀结构，"腔""流"（数板）结合，不托管弦，一人启口，众人帮和，有如高腔，是长沙、岳阳、常德花鼓戏的主要唱腔之一；③牌子，有走场牌子和锣鼓牌子，来源于湘南民歌，以小唢呐、锣鼓伴奏，活泼、轻快，适用于歌舞戏，是湘南诸流派的主要唱腔之一；④小调，有民歌小调和丝弦小调之分，后者虽属明、清时调小曲系统，但已地方化，一般保持了原有民歌特色。各种形式的曲调,都具有粗犷、爽朗的特点。

(五)湖北楚剧

楚剧原名西路花鼓、黄孝花鼓,流行于湖北东部及四川、湖南、江西、河南等的部分地区,由鄂东高跷、竹马、采莲船等民间歌舞发展而成。主要腔调源于古蕲州(今蕲春)所属地区的田间劳动歌曲,原名哦呵腔,一唱众和,锣鼓伴奏。约在1880—1890年流入黄陂、孝感一带,形成西路花鼓,1902年左右进入汉口,1923年加入胡琴伴奏,逐渐取代接腔(帮腔),1926年定名楚剧。

唱腔分正腔、彩调两类。正腔以"迓腔"(原哦呵腔)为主,另有"仙腔""应山腔""十枝梅""四平"等,各腔均有多种板式。其中,迓腔最能代表楚剧的音乐风格,分男迓腔、女迓腔、悲迓腔、西皮迓腔等。

男女迓腔的主要板式有二:①慢板,一板三眼,速度缓慢,上下句各有四小节,第四小节为过门。唱腔的第一和第三分句板起,第二分句头眼起,落于第三小节中眼、末眼或第四小节板上均可,上下句终止音为五度关系,旋律宛转,小腔甚多,宜于抒情;②中板,即快三眼,是慢板的原型,顿挫起伏,流利明快,抒情和叙事均可,还有三眼起腔、刹腔、无眼快迓、垛板以及导板、摇板、散板等。悲迓腔(即迓腔的悲唱)宛如哭诉,仅女角用。悲腔(其他花鼓则称之为大悲、打锣腔、汉腔或叹腔)亦女角用,系迓腔的反调,上句终止音与迓腔下句同,下句落于do;板起板落,情绪哀婉,常用在悲迓腔之前。西皮迓腔是受西皮腔影响而形成的,刚劲豪放,多为净角使用。仙腔(采茶戏中称汉腔)传自鄂东,与高腔有密切关系,原用于神仙戏,结构与迓腔同,男女同腔,上下句终止音多为同音,属徵、商交替调式,曲调委婉,情绪悲愤。应山腔又称站花墙调(其他花鼓戏又称"四平"),传自鄂北,四句成段,旋律流畅,句式多变,属徵调式,长于抒情。彩调原系专曲专用,是相对固定的花鼓杂调,来自各地小调、灯歌，在南方花鼓、采茶调中多通用。有的旋律性较强，如"麻城调""瞧相调""十绣""叹五更"之类；有的吟诵性较强，接腔部分有一定旋律，如"卖棉纱""讨学钱"之类。传统剧目如《葛麻》《访友》《白扇记》《百日缘》等。

第三章 民间传统文化与美术教育的关系

第一节 中国民间传统文化与民族化的
少儿美术教育

文化是人类特有的社会现象。关于"文化"这一概念的定义，目前学界有160多种表述，说法莫衷一是。在古代中国，"文化"这个词是由"文"和"化"两个单字组成的。这两个字远在殷代武丁至周代甲骨文和金文中就出现了。最早见著于对"文"的论述是《易·贲卦》的《彖传》："观乎天文，以察时变；观乎人文，以化成天下。"在这里，"天文"指的是大自然的运行规律；"人文"指的是社会伦常。意思是说，治理国家既要掌握大自然的运行规律，又要把握社会中的人伦纲常。进而转衍出"经纬天地谓之文"。

"文者，德之总名也""物相杂，故曰文""文者，会集众彩以成锦绣，会集众字以成词谊（义）"等诸多语义所界定的"文"，呈现出人由原始的自在向自为进化、发展的历史轨迹。而"化"在古汉语中有变化、化生之义："能生非类曰化""化，变也""化，教行也。从匕从人，匕亦声"等。这些对"化"的词义界定，把"化"引申为以文德之治教化民众的社会含义，指教人则为化。正是在这样一些对"文"与"化"的具体表述中，使"文化"具备了初始的意蕴情境，体现出人的主动性与能动性对事物和现象多样性的整合与规范的理性精神。把"文"与"化"联结构成一个复合词使用的，最早见于西汉刘向在《说苑·指武》中的一段话："凡武之兴，为不服也。文化不改,然后加诛。"后来,晋代束晳在《补亡诗·由仪》中更加明确提出:"文化内辑,武功外悠。"由此可见,在古汉语中对"文化"的定义具体是指与武力、刑罚相对应的文治教化,含有鲜明的文明教化之义。将这样的"文化"定义运用于本书是十分恰切的。

在西方,从近代人类学意义上审视文化现象始于19世纪70年代,至今,对"文化"一词所做出的论断可谓是仁者见仁,智者见智。由于文化现象本身的丰富内涵与其民族差异性以及不同学者研究视角的多样性,使"文化"定义产生了诸多歧义性和多元性,这是十分正常的现象。在这种情况下,英国人类学家爱德华·泰勒对"文化"所做的一段论述也比较适用于本书的"文化"含义。泰勒在其1871年出版的著作《原始文化》中认为:"文化是一个复杂的整体,包括知识、信仰、艺术、道德、法律、习俗以及人类在社会里所获得的一切能力与习惯。"

在不同地域生活的不同民族,在不同社会形态中生活的人们,具有不同的文化模式。艺术是文化中的重要部分,艺术的表现直接受制于文化模式,各种门类的艺术都是某种文化模式的物化形态。可以说,在人类历史的各个阶段,各民族在不同地域所创造的各种风格的艺术之间,并不存在先进与落后的问题,而只有文化观念的差异以及由此而形成的美学观念的区别。①

中国民间传统文化所形成的文化模式,是为一整套共同理想、价值观和行为准则所制约的生活方式与风俗习惯。世界上没有任何一个民族的民间传统文化能像中国民间传统文化这样如此持久专注地关切着人的生命本体,并与人的生存情感牢固地联系在一起。然而,在近百年来的中国现代化社会文化创建中,民间传统文化、艺术已不再成为人们关注的对象。因为它似乎已不再对现代化了的生产方式产生助益,不再与生产方式所造成的现实生活发

---

①李豫闽,王玉芳.中国美术史[M].南京:南京师范大学出版社,2014.

生直接关系。但如果从中国未来命运的更深层面上探究民间传统文化意识在中国当代社会文化建设中的意义和作用，就不难发现表象下面本原文化中所蕴含的人文价值。这就是我们力图探寻民间传统文化、艺术对少儿美术教育的意义所在。

一、民间传统文化的功能

(一)民间传统文化具有社会调控功能

在古代中国社会中，人们特别注重传统文化所具有的惯例性教化作用，运用传统文化所形成的程式化规矩对民众进行教育和规范，以扬善弃恶、"化干戈为玉帛"，进而提高民众群体的文明水平。这实质上是古代中国社会对人生德行和社会风尚的一种塑造方式，对于培养良好的社会和谐关系具有独特的调控功能。在民间，这种调控功能是通过民众群体所认同的不成文的程式化规矩来发挥作用的。

民间传统文化的调控功能，是指其通过自身所具有的不成文的程式化规矩对其文化圈内的民众群体意识、行为所产生的规范和约束作用，并具有显著的实现社会各种关系之间的和谐秩序，维护民众群体利益的社会管理效应，是古代中国社会中存在最为广泛、约束面最宽的一种社会调控功能。

民间传统文化能够实现对社会进行调控的根本原因，在于其自身所具有的不成文的程式化规矩这种本质属性。这种本质属性使民间传统文化产生一种法约性效应，能够对民众的言行、生产生活乃至意识、思维等活动形成一种无形的约束力。比如，过去有一个共同的说法，即凡是从火中取财的行业都崇奉太上老君(老子李聃)为祖师爷。这在正史中并没有任何记载，但却不知从何年开始，每逢农历的初一、十五，从事铁匠行业的工匠们都要向家中供奉的太上老君神位磕头烧香，祈求太上老君保佑打铁炉炉火旺盛，生意兴隆。每年农历二月十四日是老君的生日,同行们会放下手中的生意举行聚会"雅祭"老君。据传,当初太上老君炼丹药时曾前后带过四个徒弟,他们分别成了优秀的铁匠、窑匠、道人、锡匠。因此,这四家便算是同行,彼此之间有一整套行内相互照顾的传统和规矩。其中有一条不成文的规矩是,当窑匠去找铁匠修理坏损的铁器时,如果是在地上拖着来的,铁匠就会立即停下手中正忙的生意,刻不容缓地帮窑匠把坏损的铁器修理好;如果是在肩上扛着来的,铁匠就会从容地先把手中正忙的生意做完之后,再帮窑匠把坏损的铁器修理好。尤其是过去一些无力维持生活的老年道人,他们会敲着锣沿途乞讨。要是遇到铁匠铺子,照规矩老道人可以在铺子里白吃白住3~5日,填饱肚子的老道人歇息三五日就会离去。

今人可以从过去各行各业的规矩中看到各种各样的不成文的法约规范,这些法约性效力的目的在于维护行业和社会群体的公众利益。这些法约的特点是,当其在对社会进行调控的过程中不带有法律的强制性,而是依靠世世代代口传心授的潜移默化方式来发挥作用。也正因如此,从遥远的洪荒时代一直延续到20世纪初期,它一刻也没有离开过社会生活的人们,小到使用一双筷子,大到成家立业,随时随地都在规范着人们的言行举止、思维意识,使人们在无处不在的生活事项中自觉或不自觉地执行着各种约定俗成的规矩,并按照惯例来对自己进行自我约束。这是民间传统文化在实现其社会调控过程中发挥作用的一种最主要的方式。

社会生活是丰富多彩的,同样,民间传统文化对于社会的调控功能也是全方位的,绝不单单表现在某一两件具体的生活事项和社会行为上。由于民间传统文化的法约性所体现的是民众群体的整体利益,是在民众群体对于这种法约性所具有的约束力和规矩性给予认同的情况下才得以实现的,因此具有较强的渗透性和延续性特点,是一种无形的却又带有无比能量的社会调控力量。它可以突破时代、社会形态的藩篱,在更为广阔的时间、空间内发挥作用。

(二)少儿美术教育具有人生塑造功能

少儿美术教育所具备的人生塑造功能,是由美术学科教育对基础教育本质属性的从属性决定的。教育是培养人的一种社会实践活动。广义的教育,是指一切有意识、有目的增进人的知识、技能、体质和影响人的思想、行为、品德的实践活动;狭义的教育,是指学校教育,即学校机构根据社会要求,有计划、有组织、有目的地对受教育者实施身心培养,将他们塑造成为社会需要的成员的实践活动。学校教育分为小学、初中、高中、大学等层次的教育,又有普通学校教育与专业学校教育之分。基础教育主要是指学校教育中的中小学教育。少儿美术教育所从属的教育,正是普通学校教育领域中的中小学教育阶段所实施的基础教育,是基础教育中以美术为内容的教学科目,是基础教育的组成部分。所以,少儿美术教育对基础教育的本质属性具有依从性,被学校教育中的基础教育赋予了与其同一的本质属性,即以促进儿童少年身心全面和谐发展为目的,把美术教育作为促进儿童少年健全成长的工具,通过实施美术教育活动帮助儿童少年发展完善的人格。

在学校教育中,基础教育的本质属性主要有两个要义:一是传递人类文化的教育实践。二是有目的地促使受教育者个体社会化的教育实践。传递人类文化的教育实践,主要在于要使受教育者对人类文化从无知变为有知,从知之不多变为知之较多;从不会做变为会做,从不能变为能;从陌生变为熟习,从不习惯变为习惯。其教育过程,就是将人类文化内化为受教育者的知识、能力、经验、习惯与素质的教育实施过程,以满足社会对人才的需要和受教育者于社会生存、发展的需求。有目的地促使受教育者个体社会化的教育实践,主要在于促使受教育者个体学习人类的知识、技能和社会规范,获得被社会承认、接纳的资格,从而成为社会化的人,并于社会中发展自己的社会性。其教育过程,就是有目的地、循序渐进地促进受教育者个体社会化的教育活动过程。总之,体现这种本质属性的过程,不仅是一个把人类文化转化为个体精神财富的过程,也是一个使个体通过掌握人类文化促进其社会性得到发展而同化于社会的过程。因此,基础教育所传递的人类文化不是单一的,而是复合的和整体的,是促使受教育者成为德智体美等全面发展的社会主义事业建设者的教育实践过程。所以说,少儿美术教育作为基础教育的组成部分,以其学科特点作为出发点,在传授美术文化的实践过程中,承担着促使受教育者成为全面发展的、有健全人格的社会化人才的培养任务。这就决定了少儿美术教育必须具备对人生的塑造功能。下面就将少儿美术教育对人生的塑造功能归纳为情感、智力、创造和技术四个方面,进行简要的概述。

1.情感。是人们对外界刺激肯定或否定等丰富的心理反应,体现为喜欢、愤怒、快乐、悲伤、兴奋、恐惧、爱慕、厌恶等丰富的情绪状态。情感是人类活动的一种动力系统,人的任何行为都会或多或少地带有情感因素,即便是以理性见长的知识活动也无法拒情感于门外。而少儿美术教育的核心内容就在于建构儿童少年丰富的世俗情感世界和崇高的理想情感世界。作为一个社会化的人,必须既能在世俗世界中生活,又能在理想世界中生活,才是十分完善的人。如果一个人只会生活在世俗之中,就难免庸碌、艰涩、疲惫、乏味不堪;反之,一个人只会生活在理想之中,就难免成为精神病患者。一个完善的人既要能够在世俗世界中生活,又要能够在理想世界中徜徉,才有利于自身超出现实环境的局限,在追求理想中升腾,这样才会使身心达到人生最丰满、最完美的境界。

"美术"正是一个既能与现实世界密切相关,又全然不同于现实世界的理想世界,因而既可以唤起人的生活亲切感,又能激发出一种人的神圣使命感,不仅可以让人体验到生活的微妙与丰富,而且能让人体验到生命的独特与崇高。因此,少儿美术教育是培养学生对美好生活的渴望和对未来创造的追求这种崇高情感的最有力的手段之一。

2.智力。是人们认识、理解客观事物并运用知识、经验等解决问题的能力,包括记忆、观察、想象、思考、判断等。视觉是人体主要的知识信息接收器,人类80%以上的知识信息是通过视觉获得的。所以,以视觉为基础的美术教育活动,就成为培养人的智力发展最为有效的手段之一。

(1)视知觉训练可以直接促进儿童少年的智力发展:因为,视知觉是人的心灵与外界沟通的要道,视觉能力无论作为智力发展的一个因素,还是作为智力的一个因素,都是十分重要的。美术是一种直接诉诸视觉的艺术,它所呈现给人眼睛的是层出不穷、变化多端的视觉形象,刺激人的视觉兴奋,将人的视知觉保持在活跃的状态之中。一般而言,少儿美术教育所涉及的知觉训练主要是视觉、运动觉和触觉,其中尤以视觉经验为主,其对视知觉能力的促进具体表现为:①对视觉现象的广泛兴趣;②对视觉灵敏度的激活;③使视觉有效注意的时间延长、广度增大,并使视觉分辨层次逐渐丰富;④对形式特征的敏感度提高和对识图能力的增强;⑤从形式表现中获取对应情感的能力和视觉组织的能力增强等。与此同时,还可以因视知觉能力在美术活动中的运用,唤起人体感觉器官的整体知觉系统从美术活动中获得综合感知能力的训练。可以说,在基础教育的学科体系中,美术教育对儿童少年的视知觉训练是效果显著的,它使儿童少年在审美感受中获得良好的智力发展。

(2)形象语言可以促使儿童少年得到更多的信息交流和文化知识:因为形象语言在儿童少年的智力发展中起着重要作用,据研究表明,儿童少年对知识信息的理解水平会因有无插图而升降,并且年龄越小的儿童对图像的依赖性就越大。他们对从语言信息中获得的超出他们直接经验之外的概念、知识的理解,需要通过图像资料进行印证。而美术就是以视觉形象作为传播媒介的,自然界和社会生活中的一切事物,乃至人的意识、幻觉和梦境等,都可以通过美术形式变成可见或有形的东西。在不同的社会、地理和遗传条件下,人们建立了各种不同的文化系统。当不同文化在儿童少年之间进行彼此沟通和交流时,美术会因其具有形象化的语言而最大范围地实现这种交流。其优于其他学科的独到之处,就在于其形象化语言所呈现出来的直接性特点。它可以通过各种形象化的造型形式直接展示各种环境状况下出现的事物以及某个社会时代的生活面貌,并显示各种人与自然所构成的关系,透视某种社会时期的价值取向和精神趣味等。在美术教育过程中,儿童少年在各种美术活动,特别是鉴赏活动中,通过形象语言与文化知识的对应来解读信息内蕴,从而获得更加多样的信息交流和更为有效的文化知识。

(3)视觉艺术可以助益儿童少年思维能力和记忆能力的提高:事实上,儿童最初是通过认识一个个形象开始进行思维和记忆的,其基本过程体现为:由形象优势转向形象与概念并重,再进入概念优势。儿童就是在这样一种转化过程中形成理性思维习惯的,并使儿童逐步地获得了理性思维的能力,而最终发展形成逻辑学家和科学家追求的那种理性思维方式。所以,对具体形象的感知,是帮助儿童少年建立理性思维方式最为有效的途径。被作为视觉艺术的美术活动,可以通过以下几个具体方面体现出对少年儿童思维能力的助益:①通过鉴赏与表现活动,拓展对形式和质地的知觉领域;②通过观察与表现活动,区分相似和相异的形、色,进而能够按某种标准对事物进行鉴别、分类;③通过图式形象的符号化表现,唤起非眼前事物的心理意象辅助于发散性思维的形成;④通过目测与造型活动,强化对空间、时间的定向技能和对规格、总量、大小等特性的平衡技能等。与此同时,良好的记忆能力也会伴随一系列右脑潜能的开发而得到极大提高。就一般情况而言,记忆形象比记忆数字、符号容易,因为形象涉及情景,有各种感觉素质的复合,而且还包含情感因素。所以,美术教育通过对形象的研究、处理和创造,充分开发利用右脑的形象思维功能,帮助儿童少年增强对形象的敏感性,扩大形象的储存量,从而提高他们对抽象事物的记忆能力。总而言之,视觉艺术活动与人的认识能力有着十分密切的关系,儿童少年从视觉艺术中学习对形的分析和处理,可以助益思维能力的发展,对记忆能力的提高也是如此。

3.创造。是人类在各种实践活动中想出新方法,建立新理论,做出新东西等的新结果。创造力的发展有赖于一个能够独立而自由地运用情感、智慧、生理、知觉、社会、美感等因素进行不懈探索的成长过程。而创造和超越是美术的灵魂,美术作品的价值,在很大程度上是由独创性来体现的。可以说,没有创造就不会有美术。它的取向就在于求异,是个性化的产物,即便是同一客观事物,在经由不同人进行表现之后,就会产生明显的差异。因此,在基础教育的学科系统中,美术学科是最能尊重学生个性和创造性的课程。所以,通过美术教育实践活动能够有效地发展儿童少年的创造力已成为教育界的一种共识。

在具体的美术教育活动中,学生们很少受到规则的制约,可以拥有个体的自由广泛游弋于辽阔疆域,探索新方法、发现新价值。特别是在美术制作活动中,个体可以完全成为活动的主宰者,绝少的外界干预,能让个体能动精神较大程度地得到释放,极利于创造力的形成和发挥,并且,在这类活动的推进中,个体还要十分具体地解决技术、材料运用与物化效果之间带有创造意识的一系列问题,使每一次活动结果都产生新异性的解释,从而使学生们一次次地获得新感受和新认识。这样,通过对学生进行创造性体验的鼓励和培养,使他们形成一种由判断、情感、直觉和技巧等构建的创造性意识,一旦这种创造意识转化为心理定式,就会自动地渗透和参与到人的活动的各个方面,让他们在获得人类文化的同时,也促进创造力的发展。

4.技术。是人类在认识自然和改造自然的反复实践中积累起来的有关生产劳动的经验和知识,也泛指其他操作方面的技巧。技术活动是某种观念和意图的物化行为,是人类最基本、最普遍的实践活动,它以直接的方式创造了人类的物质世界和精神世界。获得技术的一般程序包含着三个互相联系的阶段:①认识阶段,即从示范或文字、语言的指导中了解某项技术的操作及方法;②协调阶段,即将示范、示意转化为实践操作,把文字、语言指令转化为具体行动;③自动化阶段,即经过协调阶段的练习,操作变得熟练、迅速,协调性和调整能力越来越强,使之达到自动化的程度。而少儿美术教育活动中的绘、制程序,都能使学生获得这种一般的技术操作意识。

在具体的美术绘、制活动程序中,学生首先是通过教师和书本的讲解、示范,了解某种绘、制的操作及方法;接下来学生会将陈述、示范知识转化为实践活动,进行具体的操作体验;随后,由于操作实践活动的增多,学生对示范和语言指令的依赖程度降低,而熟练化程度越来越高,使得自动化程度越来越强,操作活动的效果也会渐渐趋于完善。可以说,在儿童整个成长阶段中,美术活动是他们接触并实施最早的技术操作行为之一,这就决定了美术活动作为技术训练和培养技术发展意识的基础地位。儿童少年通过美术绘制活动的学习、体验所获得的技术意识,能为他们将来从事任何技术性工作提供一种一般的模式,使他们以最低的时间耗费去迅速嵌入某个技术过程。

从以上简述可以看出,少儿美术教育是人才素质的教育,它对人才心理素质的培养是多方面的。对于每个儿童少年来说,都具有向完善发展的潜能。美术教育的功能就在于借助人类创造的精神财富与物质财富的文化价值,去帮助儿童少年发掘潜能,发展人格,使他们成为伦理、道德、心智、体质等健全完善的富有创造力的人。

二、民间传统文化给予少儿美术教育一条民族化的教育之路

在21世纪的今天,面对"全球一体化"的浪潮,令人深感忧虑的问题症结,不在于中国的西化已到了何种程度,而是中国人自己对传统文化的蔑视程度,已到了弃如敝屣的地步。诚然,每一个民族都需要反省自己传统文化中的历史弊端,但这种反省应该是为了民族传统文化的吐故纳新,以使传统文化通过新陈代谢产生更加富有时代精神的生命活力,而不是为了抛弃自己的传统文化,解散自己的文化体系。然而,有目共睹的国情却是,中国现代化的文化建设不是以民族自身的逻辑体系向现代化推进的,而是以触目皆是的还原方式直接对应于西方文化的意识形态。儒学也好,道学也好,禅学也好……都已从中国人的精神常态中被转移到精英学术领域,成为必须被高端研究的对象;阴阳、八卦、盘长、灯笼……也都已从中国人的生活常态中被转移到符号艺术领域,为旅游产品、涉外交流、先锋艺术等做秀而被顾盼。

传统文化再也不是中国人的常态文化了,它被百多年来中国西方主义化的大潮压制在了腐朽的封建社会层面上,在"走向世界"与"国际接轨"的高速公路上,断送华夏子孙对自己民族本原文化的记忆,并在"走向世界"与"国际接轨"的理论面貌中重塑华夏子孙感觉世界的方式。事实上,在中国被朗朗上口的所谓现代意

识,就是西方现代意识形态的理念和方法、经济和竞争以现代化的名义,堂而皇之地成了今天中国人获得精神力量的补给。

传统文化是需要传的,这个传,就是教育。在五四新文化运动之前,中国传统文化得以一脉相承,是通过社会教育、家庭教育、学校教育来共同实现的。而从各个方面都进行着西方主义化的当代中国社会,社会教育、家庭教育对传统文化承担教育传承的功能近于丧失。那么,对于专门承担着教育培养下一代职能的学校教育,还能再等闲视之吗?的确,不同时代应该具有不同的教育思想。但是,无论古今中外的教育思想有多么纷繁复杂,其都无一例外地要围绕着把子孙后代培养成什么样的人这个核心,形成各自的教育传统和特点。

中国的问题最终还是中国人自己的。如果中国不愿走被外来文化异化发展的道路,中国人就不能拱手把中国的问题托付给西方化来解决。在当代中国学科教育格局中,西方主义化程度较为完善的美术学科,早已无意识化地、主动地将西方艺术教育理念转换到当代中国美术教育的实践层面上来。只要一进入美术学科的知识结构,西方艺术的理念、方法就会成为最为高效的教学范例,已无意识化地支配着美术教师对艺术进行西方主义化的阐释。在实施以教育为取向的基础美术教育过程中,像色彩、构成、写生等种种课程设置,早已没有人会去询问为什么了,更不会有人去追究它们应该以怎样的方式存在。设置者和教育者只觉得这是美术学科理所当然的课程设置和必须经历的一个学习课程。当这种积层通过年复一年的接触、使用、扩展和重复而达到一定厚度时,终将会阻断华夏子孙与本原文化的情感纽带。

从历史上看,中国的知识分子比世界上任何其他民族的知识分子都更加关心民族的命运。传统是一个民族的记忆,传统文化即是一个民族以往历史的智慧积淀,又是这个民族赖以创新发展的出发点。它以这个民族自身的特质维护着这个民族独立的尊严,它是这个民族内聚力的源泉。造成传统文化在当代中国社会中的功能丧失,究其根本,并不是传统文化的乏力,而是百多年来一代代新老西方主义者在中国的兴起,一次次地主动认同并接受了西方的文化观念和价值理念,把中国的现代化建设引入西化发展的过程中去,乐此不疲地将西方文化意识形态精心地打造在了中国社会主义文化建设的各个最具话语权的位置上,使传统文化退出近现代中国社会发展的时代舞台,以中华民族伟大文化遗产的名义,被封存在精英学者的忧患意识层面上。在中国社会主义现代化建设进程中,华夏民族仍然需要传统文化,华夏子孙仍然需要历史文化资源,实现中华民族的伟大复兴仍然需要祖先留下的智慧……

事实证明,当西方主义已生根于中国大地,人们都不再把它视为外来文化,不再以意识形态和民族主义的抵制情绪与之对抗的时候,曾在20世纪被西方主义化过程所遮蔽了的传统文化价值,在21世纪初西方主义化的强烈映射下呈现出来。人们在传统文化身上发现了更多的精神财富和价值资源,看到了它那深邃的哲学内涵和不可逾越的智慧精髓。在中国特色社会主义建设发展中,撞开曾经被自己封闭的传统文化宝库之门,让自己民族的宝藏释放出和煦的人文主义光辉,对新生一代那种已被无意识化了的机体进行激活;让传统文化参与、关怀和干预在中国现代化这一时代进程中所产生的关于人、社会、经济、生态、伦理、欲望等层出不穷的新问题;拓展传统文化与时代同步发展的土壤,使其焕发出新的感召力和创造力……这是生活在今天的中国知识分子应该担当起来的一份时代责任。

中华民族的传统文化,从总体来说是由上层文化和下层文化汇合组成的。上层文化大体上对应于宫廷、文人士大夫社会阶层,被称作"精英文化";下层文化大体上对应于民间、民众社会阶层,被称作"民间文化"。在古代中国社会历史中,上层文化和下层文化不是具有对立性质的两个文化,它们以互相联系、互相渗透、互相纠结的方式共生而存,在互补的状态中共同构建了华夏民族传统文化的大系统。它们之间存在的区别主要是各自对应的文化主体有所不同。把民间传统文化引入以教育为取向的少儿美术教育活动,从娃娃抓起,在人的初期受教育阶段就播下对传统文化进行审美的种子,通过儿童少年乐于接受的美术教育来培养新一代对传统文化的情感认知,是传承传统文化的一种有效途径。

少儿美术教育是基础教育阶段中最为重要的文化教育载体之一。对于遍布在56个民族中的少儿美术教育工作者来说,民间传统文化犹如从身边淌过的溪流,曾经像无数条细微的神经一样关联着千家万户,在人与人、人与生死之间疏通着血脉,又在人与自然、人与社会之间沟通着经络。它在波澜不惊之中咏颂着鲜明的民族情感、民族气质和诱发真善美的人文精神。在纷繁的社会生活事项中,它以通俗的哲理、吉祥的意境、博大的智慧、朴素的理想,潜移默化地、强有力地陶冶着民众群体的情操,在欢娱中鼓舞着民众群体的进取心,在真幻统一的平衡中充溢着建设性的生命动力。在"全球一体化"的趋势下,从具有社会调控功能的民间传统文化中发掘可被转换成具有现代意义的又与民族文化基因并行不悖的美术教育资源,参与儿童少年的人生塑造,对少儿美术教育来说,这不仅是寻求一种重要的审美对象,而且是找回一个必需的"哺育"条件。这种通过学校教育进行传承的民间传统文化,会在儿童少年心理成长中产生审美典范的力量。别再把沉重的忧患意识放置在忧虑的层面上了,"当今之世,舍我其谁?"探寻、构筑一条具有自己民族文化特质的少儿美术教育之路,势在必行。

第二节　民间传统艺术在美术教育中的应用价值与模式

一、民间传统艺术在美术教育中的应用价值

1.实现我国民间传统艺术的创新与传承。目前,包括剪纸、刺绣、泥塑、雕刻之类的民间传统艺术所面临的最大问题是研究的人越来越少,不仅潜在的经济价值无法得到挖掘,而且鲜明的民间艺术与民俗文化价值也不能得到很好的记录与传承,由此使诸多民间艺术形式面临着日趋消亡的生存困境。结合当前社会发展现状,如何以挖掘民间传统艺术实用价值为核心目标,由此实现其创新与传承才是民间传统艺术形式获得良性发展的关键所在。而将民间传统艺术形式应用于美术教育活动之中,正是建立在对于民间传统艺术形式文化、思想、艺术方面教育价值的挖掘与应用的基础之上而展开的,能够最大限度地激发广大专家、学者展开对民间传统艺术的研究活动,由此形成丰富的理论研究成果。[1]而学生不仅在课堂上学习、掌握民间传统艺术,而且在未来的学习、生活与工作之中,也能够进一步加以传播甚至是创新,从而实现对民间传统艺术的有效传承。

2.丰富学生的设计思想,提高其设计水平。自近代以来,我国美术教育活动开始朝着实用主义的方向进行转变,在与西方美术教育进行交流碰撞之后形成了更加西化的素描、速写、水粉、色彩、立体构成、平面构成之类的课程内容,也即是"现代美术热"。这虽然能够使学生掌握现代化的美术设计思想与设计技巧,但却失去了对我国传统设计知识的了解和认识,不仅造成了学生知识结构

---

①仉坤,张立.民间美术之旅[M].北京:中国纺织出版社,2015.

的缺陷,而且使其设计出的作品缺"地气"。在当前社会对传统文化、传统思想反思之后所形成的"寻根热"日渐浓厚的情况下,此种美术教育现状极大地影响到学生未来的工作质量情况。而种类繁多、形式各异的民间艺术形式是我国特定区域内的民众结合自己的文化观念、审美思想、价值追求以及风俗习惯,在悠久的历史发展过程中所形成的一种固化的艺术形式,蕴含着独特的设计思想和设计技巧。

3.提高学生的传统文化水平和个人修养。我国民间传统艺术不仅在形式上表现出独特的设计思想与设计技巧,而且还蕴含着深厚的传统文化知识、民俗文化内涵以及各种各样的伦理道德思想等。从这个角度来说,加强民间传统艺术形式在美术教育中的应用还能够丰富学生的传统文化知识,提高其个人修养。

4.激发学生学习美术知识的兴趣。通过深入分析可以看出,民间传统艺术形式不仅在整体造型、题材内容、思想内涵方面具有丰富的趣味性特征,而且是在我国民间社会土生土长的,甚至是广大学生日常生活中所司空见惯的一些艺术形式,对于普通学生的心理与情感表现出天然的亲和力,能够获得学生的理解和接受,并产生视觉与心理方面的审美体验。据此,将民间传统艺术形式引入美术教育之中,能够有效地避免素描、速写、水粉、色彩、立体构成、平面构成之类的抽象性课程所带来的枯燥性与乏味性,从而激发学生的学习兴趣,提高美术课堂的学习质量和学习效率。

二、民间传统艺术在美术教育中的应用模式

1.以教学素材的形式引入美术课堂。此种方式主要是依据美术课堂教学内容的需要,选择一些合适的民间艺术形式作为课堂中的教学素材或者是教学材料来使用,由此来辅助教师进行课堂教学活动,比如将传统的剪纸艺术、木雕、玉雕或者是布雕工艺引入传统工艺课、造型课、民俗学之类的课程中,使学生对所学知识有一个直观而又生动的认识,由此激发其学习兴趣,提高其学习积极性与主动性,大大提高其学习质量与学习效率。

一般来说,此种应用方式比较简单,主要由特定的美术课程教师根据课程内容、教学计划情况,来选择合适的民间传统艺术形式,并加以处理,由此适应具体的课堂教学的需要。民间传统艺术虽然在课堂中处于附属性、协作性的位置,但同样展现了其良好的艺术教育价值和课堂教学效果。

2. 开设民间艺术课程,实施专门性教学。部分学校还可以立足于所在地域内的民间艺术形态发展现状,针对某一民间艺术形式,开设专门的课程。这不仅能够使学生了解此种民间艺术形式的产生背景、历史文化内涵、工艺特点、审美效果与艺术价值等,而且还能够掌握系统的创作技巧,甚至能够进行工艺创作活动等,由此真正实现对民间艺术的创新与传承。此种教学模式的最大优势是具备地域优势,不仅能够方便地搜集所在地域内的民间艺术资料,而且也可以将一些民间艺人引入课堂,进行民间艺术教学活动,由此提高教学质量和教学效率,但难点在于如何将所在地域内的民间艺术资源与美术人才培养计划、培养目标、培养内容相衔接,并据此制订出科学、系统的民间艺术课程教学目标、教学内容、教学方法、考核方式等。

3. 创办民间艺术专业,培养专门人才。当前,学校除了可以开设民间艺术课程之外,还可以凭借所在区域内的民间艺术资源,创办一些个性突出而又符合市场需求的民间艺术专业,由此培养研究、创作和传承此种民间艺术形式的专门人才。学校要能够综合考虑到市场的人才需求情况、自身的人才培养能力以及人才培养目标、培养计划与实施方式等;另一方面要经过省市教育主管部门的审批,方可进行具体的招生和人才培养活动,因此,这需要学校能够进行系统的市场调研活动和精心的前期准备活动,由此建构起系统的专业建设方案,从而获得政府教育主管部门的审批,尤其是能够培养出获得社会认可和需要的民间艺术专门人才。

要想真正发挥民间传统艺术在美术教育中的艺术传承和人才培养价值,除了需要各个高校结合自身的实际情况,选择合适的应用方式之外,还需要相关政策的激励与指导作用。首先,我国教育部门一定要结合我国实际情况、民间艺术发展现状以及社会对于民间艺术的需求与应用情况等,制定出细致、明确的方针政策和发展措施,深化各个学校对于民间传统艺术历史文化价值、思想道德教育价值、艺术审美价值、艺术教育价值以及潜在的市场经济价值的认识,积极主动地将民间传统艺术引入学校专业设置、课程设置以及课堂教学活动过程中来,发挥其应有的人才培养价值;另一方面还必须制订出清晰的监督与考核措施,包括对各个学校专业设置、课程设置、教学内容选择方面的监督与考核活动,从而避免出现教师引用民间传统艺术的积极性不高,流于形式,应付考核的现象,或者是忽视、遗漏部分民间传统艺术的情况等。这是顺利地实现民间传统艺术转化为可利用的美术教育资源,并发挥其应有的多元价值的手段;其次,国家各级教育部门以及学校机构应根据自身的实际情况,尤其是要充分考虑到所在区域内的民间艺术资源情况、学校情况等,围绕着民间艺术转变为学校专业人才培养方向、教学课程以及具体课程中的教学内容等主题,建构起包括国家级课题、省级课题、市级课题以及学校级课题在内的不同等级的课题立项体系,由此形成丰富的理论研究成果,指导学校专业设置和课程教学活动,提高民间艺术在美术教育课程中的应用质量和效率。

总体来说,种类繁多、形式各异的民间艺术形式是我国数千年历史发展过程中所遗留下来的瑰宝。我国的学校以及教育主管部门应当加强对民间艺术形式的研究,顺利地将各个学校所在地域内的民间艺术资源转变为美术教学资源,从而在提高美术专业人才培养质量与培养效率的同时,也能够有效地传承区域民间艺术形式。

第三节　中国传统文化对美术教育的影响

作为人类文化的一个部分,美术不仅仅是一种能力与技巧,而且它与人们的生活有着密切的关系。所以美术教育不但关系到学生的审美及绘画能力,而且关系到中华民族传统文化的发展和演进。同时中国传统文化对美术教育也影响着美术教育的实施。因为中国传统文化博大精深、源远流长,他是中华民族五千年文化的结晶。

一、中国传统艺术文化对美术教育的影响

(一)中国画对美术教育的影响

中国画,是中国传统的绘画形式,主要指的是用毛笔蘸水、墨、彩色颜料在绢或纸上作画,这种画种被称为"中国画",简称"国画"。作画材料和工具有毛笔、墨、宣纸、绢、国画颜料等,中国画的分类在题材上可分人物、山水、花鸟等,技法上可分工笔和写意。绘画的工具包括毛笔和墨,颜料主要是天然矿物质和植物中提取出来的。

中国绘画有着非常悠久的历史,早在石器时代就出现了萌芽,距离现在至少有七千余年,中国绘画最早是画在陶器和岩壁上的,渐渐的发展到画在纸上、绢上等。在长沙出土的公元前3世纪以前的帛画,见证了早在战国时期中国的绘画已经有了一定的发展,这

也为中国画以线为主要造型的绘画方式奠定了基础。

秦汉时期,中国的统一在政治、文化、经济领域都得到了巨大的发展,此时中国传统艺术风格确立与发展也进入了重要的历史时期。这期间出现了一些优秀的传统艺术包括宫殿墓室壁画、画像砖、画像石、帛画等。

隋唐时期是中国绘画发展史上的另一个重要的时代,尤其是唐朝不但使中国画得到了继承,同时也使中国画得到了发展与拓新,出现了许多艺术大家与艺术风格。周防的《替花仕女图》,张首的《捣练图》等杰出的作品都是出自此时期。

宋朝在人物、山水、花鸟等领域都得到前所未有的发展,尤其是山水画更是独领风骚。例如闻名世界的范宽的《溪山行旅图》及家喻户晓的吴门四家:唐寅、文徵明、仇英、沈周等。

明朝随着政治经济的稳定,中国绘画也得到了一定的发展与提高。清朝时期中国画出现了很多的画派,也涌现出了不少的优秀作品和艺术家。近现代由于西方文化的传入,中国的绘画面临了挑战,如何"去其糟粕,取其精华",如何保持中国传统绘画得面貌,使其更好的继承与发展成为我们要思考的问题。①郑振铎曾说过:"历代画家们有其种种不同的作风,表现出种种相异的个性,但有共同一点就是能够表现民族风格,继续不断的发挥着最优良的现实主义的传统,也继续不断的出现新的现实主义的创作。"所以更要重视中国绘画在学校教育中的重要性。

1.国画可以培养中学生的审美鉴赏能力及绘画能力。中国画历史悠久博大精深,学习中国画,可以了解中国画的内涵,通过对中国古代优秀作品的赏析,不但可以了解中国画的历史,也可以通过学习中国画来分析和理解这些优秀的作品,从而达到提高审美鉴赏能力的作用。在绘画国画过程中,由于毛笔和宣纸所带来的

---

①王蕈,耿纪鹏. 美术鉴赏[M]. 重庆:重庆出版社,2013.

效果与铅笔及水彩笔的极为不同,这就要求学生要有较强的控制力和构图能力,长此以往学生的绘画能力就会显著的提高。

2.国画可以磨炼人的心境,以达到沉着冷静的人生及处事态度。国画讲究意境、注重内涵,对人的心境有着一定的考验。以写意为例,古人曾说过"胸有成竹",由于生宣的晕染效果,这就需要我们在作画落笔之前就充分的想好要如何作画,达到如何的效果。这就考验作画者在绘画之前的心理准备和分析统筹能力以及落笔时的信心和勇气。以工笔为例,由于工笔画要求造型准确、工整、细致、色彩细腻、柔和,所以绘画时要有耐心和毅力,而且要谨慎细腻,所以长期画国画不但可以提高中学生的绘画能力,还可以培养中学生的沉着冷静、持之以恒的处事及人生态度。

3.学习国画可以提高学生的想象能力和创造能力。由于国画材料的原因,作画时所产生的偶然效果不但可以考验学生的控制能力,也会使学生乐在其中,享受国画所带来的不同的绘画效果,同时也可以培养学生的想象能力,从而开发学生的智力,使学生乐于创造、勇于创造,最终达到学生的全面发展。

(二)书法对美术教育的影响

中国书法是中国特有的一种传统文化,是一种非常独特的视觉艺术,是一种综合美学、绘画、文学、篆刻等门类的艺术形式。在世界范围内也是非常少见的以文字的书写为表现内容的传统艺术形式。而作为中国书法的表现媒介——汉字,是世界上历史最为悠久的文字之一,它的结构和字体的发展与演变,都为中国书法提供了很好的表现内容,也见证了中国书法在审美层面上的提升。

汉字从原始社会最初雏形到殷商时期的甲骨文,到西周时期出现的金文又叫做钟鼎文,从春秋战国时期出现的"鸟虫书",到秦演变为大篆、小篆、隶书。隶书的出现是汉字字体的一项重大转折,是书法史上的一次改革,不但使汉字由小篆的圆形变为方形,而且在笔法上也有所突破，纵有行，横无列，不但提升了书写的速度，也为随后的中国各种书体流派奠定了基础。汉代魏晋时期是书体完成演变的重要历史阶段，草书、楷书、行书等，展现了中国书法由实用向审美层面提升的过程。汉代末年楷书出现，楷书源于隶书，但在书写笔势方面有了进一步的简化和规范，书写速度快捷，又容易辨识，所以很快被世人接受和运用。介于楷书、草书之间的行书，它是楷书的草化与草书的楷化。

中国书法分为篆、隶、草、楷、行五种字体，作为世界艺术的奇葩——中国书法艺术无外乎这五种字体的发展与衍变，这五种字体各具特色，也体现出了我国古代不同历史时期的不同艺术风格。总体概括中国书法笔酣墨饱、力透纸背、剑拔弩张、起笔之藏露、运笔之徐疾、转折之方圆、收笔之锐钝，它以一种独特的书写方式，把每一个汉字以不同风格的艺术美的方式展现出来，给人一种美的感受。

林语堂认为："书法提供给了中国人民以基本的美学，中国人民就是通过书法才学会线条和形体的基本概念的。因此，如果不懂得中国书法及其艺术灵感，就无法谈论中国的艺术。因此我们要充分认识到中国书法对国人尤其是未来的一代的重要作用。

1.书法教育，可以提高学生的书写技能，有助于提高学生的学习效率，也有助于学生的个人成长与发展。写字不但是中学学生的基本技能，而且字的好坏直接影响到书写的速度也会影响到学生作业的整体效果。同时，当学生拥有了漂亮的书法后，也会获得老师们的青睐，甚至当他走向社会和工作岗位后也会得到更多的认可和欣赏。尤其是在当今社会，竞争越来越激烈，拥有较强的书法能力，不论是在学习还是工作都会更加得心应手。

2.书法可以提高个人修养与文化素质，达到修身养性的作用。古人云："写字用于养心，愈病君子之乐"。现在的社会科技进步生活节奏变快,孩子们的心普遍变得浮躁没有耐性甚至任性。而书法由于他的特定的性质,因为学习书法需要肢体、眼睛和大脑全身心的投入,所以孩子从小就接受书法教育,不但可以培养他们的耐心和毅力等优秀品质,而且还可以培养学生严谨踏实的学习态度和自觉刻苦的学习能力。而且在书写过程中可以使人达到"不思荣辱,心无烦恼"的境界,乐在其中,这样就在潜移默化中提高了他的文化素养和修养。

3.书法教育不但可以培养和提高学生观察、分析及处理问题的能力,而且可以增强学生的艺术鉴赏能力。由于练习书法要求人的手、眼、脑的专注、理解与配合,这样就在无形当中培养了孩子的全身心的协调能力。而且由于"书画同源",书法也具有审美性与独特性,例如,宋徽宗的"瘦金体"、怀素的狂草,无不透露出个人的审美情趣与艺术表现力。所以书法不但可以提高学生的分析与处理问题的能力,也可以增强个人的艺术鉴赏能力和创造型思维能力。这也是在学校里往往书法写的好的学生学习成绩也出类拔萃的原因。

4.书法教育可以继承和弘扬中华民族悠久的历史和传统文化。汉字书法艺术,是我国的国粹,也是全世界艺术中的一朵奇葩。它随着汉字的产生和中国历史发展而衍变,它是中华五千年文化传播、继承载体。所以学习书法不但可以认识中华民族博大精深的书法艺术和文化历史,也可以增强学生们的民族精神,共同来继承祖国优秀的传统文化,使其发扬光大。

(三)工艺美术对美术教育的影响

工艺美术基本包括玉器、金属、陶瓷、织物、漆木、玻璃制品等。它主要就是指蕴含艺术价值和审美价值的生活用品以及一些观赏用品。中国工艺美术,不但历史悠久、种类繁多,而且技艺精湛。它是中华民族的智慧与结晶,蕴含着中华民族特有的文化素养和民族精神,是世界工艺美术中的一颗明珠。

由于中国工艺美术是具有艺术价值的生活用品,所以它具有适用的特点。除了少数的仅供玩赏的工艺品之外,大多数的工艺品在造型和装饰上体现着功能的需要。工艺美术也体现了中国古代历史阶段的工艺水平和审美观念。

早在远古的"石器"时代就已经出现了打制的石质工具和用鱼、兽的牙和骨制成的饰品等,随着新石器时代的陶器、牙骨器的制作日益发达,中国的工艺美术开始在华夏民族传承和发展。

夏商周时期到春秋战国时代,是中国文化的光辉时代,被考古学称为"青铜时代"。此时的陶业和铸铜等工艺也有了一定的规模。商晚期是中国青铜艺术的高峰时期,出土的《司母戊方鼎》气势雄伟,视觉冲击力强,是中国古代青铜器中现存的最大一个。

秦汉时期由于国家统一、经济文化的发展,此时的工艺美术也是成就辉煌。汉朝自开通了丝绸之路,中国和西方文化交流更加频繁,具有划时代的意义。由于此时工艺品的种类繁多,竞争激烈,所以通常此时出土的工艺品技艺高超、材质特异。此时出土受人们关注的《长信宫灯》《错金云纹青铜博山炉》,尤其是青铜炉,此炉是有史以来见过的博山炉中的上品。盖上的峰峦间图案丰富,有野兽、人等。两汉时期也是铜镜的高峰时期。魏晋南北朝时期虽然社会动荡不安,但是由于持续的民族来往与交流,工艺美术仍然得到丰富和发展。河北出土的《青瓷仰覆莲花尊》,以它高大挺拔的造型和既厚实又均匀的釉层以及华丽的装饰,成为南北朝时期的青瓷代表。

隋唐时期的工艺美术的发展前后及地域间差异明显,具有富丽华美的特点,而且一些工艺品被注入了西方色彩。唐三彩是唐代非常繁盛的工艺品,著名的《三彩骆驼载乐勇》,表现了一个骆驼背上,三个胡人和两个汉人,每人手中拿着不同的乐器,有的乐器现已失传,他们每人表情动态传神,是一件具有历史意义的雕塑作品。由于唐代的繁盛与开放,所以此时的工艺美术具有广泛的世界性影响。尤其是作为中国邻居的日本,他们的工艺美术及服饰受到了唐文化的巨大影响。

宋代工艺美术具有典雅优美的特征,此时的工艺美术品种样式繁多,而且散发着浓郁的书卷气息。此时景德镇陶瓷繁荣发展,青白瓷为此时的著名工艺品。

在中国工艺美术史上,元代起着重要的作用,不仅因为它工艺美术的卓越成就,也因为元代的工艺美术为后来明清的发展指引了道路。元代的瓷器在国际上产生了空前巨大的影响,成为元代出口的重要商品,尤其是青花瓷成为国外大量仿制的典范。

由于明代海禁的开放,明代工艺美术对海外的影响更为深广,中国青花优雅的风格和柔和的色彩受到了海外更多国家的热爱和推崇。明代的家具材料精良,种类繁多,做工精巧,风格典雅,是中国古典家具的经典代表。

清朝的工艺美术道路曲折,经历了高峰后一路下滑,清朝的工艺美术受西方的影响很大,以至于清后期的一些工艺品失去了中国文化的特征,完全变成了西方工艺品的风格。但是也存在一些优秀的工艺美术制品,清朝的宜兴紫砂壶尤为兴盛,《"陈曼生"款紫砂半宽壶》,蕴含着浓郁的书卷气,受到了文人的喜爱。

由于工艺美术作品来源于广大劳动人民生活,它是人们智慧的结晶,而且它具有高于生活的价值,充分的体现了中华民族的创造性和艺术性,所以它是我国传统文化的瑰宝,具有较高的教育价值。它不但可以使我们了解中华民族的精髓,也可以让我们了解中国古代的工艺水平和技巧,提高我们的技能和鉴赏水平,在学习中国工艺美术同时可以增强学生的想象力和创造力。

（四）民间美术对美术教育的影响

中国有着五千年的历史，每一个点滴都充满了广大劳动人民的汗水。之所以称为"民间美术"，因为他是由广大劳动人民经过劳动与创造所凝结的生活文化。它关系到人们的衣食住行，它以简洁淳朴的造型受到了广大人民的欢迎与传播。民间美术是中国传统文化的重要组成部分，是中国重要的文化遗产。

中国民间美术由于产生于人们的生产与生活，所以它的分类跟人们的生活也就有密切的关系。中国五十六个民族都有着各自的民族服饰，作为各民族文化传承的载体——民族服饰，由于地域和文化的差别，民族服饰也呈现出多种多样缤纷的造型与样式。中国民间美术还包括年画、扇面画、木雕、蜡染、刺绣、木偶、皮影、剪纸、草编等，他们都比较集中的表现了当地民族的生活与文化。

蜡染是盛行于我国西南少数民族的一种染织方法，是我国古老的传统民间纺织印染工艺之一，也称"蜡撷"，与扎染、镂空印花并称为我国古代三大印花工艺。蜡染是用蜡在棉、麻等织物上画出花纹，然后放入染料缸中浸染，蜡浸入织物中就具有了防水的作用，染料就不能浸入，之后经过煮洗，由于蜡受热溶化，白色的花纹便呈现出来。蜡染的一般染料为蓝靛，也可以用其他的颜色的染料，便可以制作出五彩的蜡染。

蜡染图案丰富素雅，而且风格独特，在我国西南少数民族地区盛行并相传，1981年7月，在丹麦首都举办的"中国贵州民间工艺品展览"，一组以苗族蜡染为主要内容的《蜡花朵朵》图案集被丹麦国家博物馆作为珍品收藏。又例如，2016重庆文化产业博览会在重庆悦来会展中心开幕，来自武隆县浩口苗族仡佬族乡选送的仡佬族蜡染备受关注，受到一致好评。

民间美术与人们的生产与生活有着密切的关系，人们在进行创作的时候，不仅享受着创作给自己的衣食住行所带来的快乐，也在这种快乐里接受和继承了社会的传统文化,起到了一定的教化作用。

1.学习民间美术可以培养和提高审美鉴赏能力。民间美术造型中的结构、线条、图案等,不局限于单纯的形似或神似,而追求具有浓重的感情色彩和强大表现力的作品。通过对民间美术的学习,学生不但可以学习到更为丰富的美术知识,同时也拓宽了对美术领域的了解,从而提高自己的审美鉴赏能力。"对于艺术学习者来说,这种整体、超现实的表现方式可以提升对美的感知力、对美的领悟力、对美的想象力。"

2.民间美术教育可以培养和提高学生的动手能力和创新能力。由于民间美术起源于民间,所以它具有很强的实践性,而且操作相对简单易懂,对专业技能的要求相对较低,这样学生不但很快的掌握民间美术的技巧,而且可以增强他们的学习乐趣和自信心,进而有助于达到教育的目的而且在积极主动的实践学习中,起到提高学生的创新能力的作用。

3.学习民间美术可以发扬和培养学生的传统道德意识,增强民族荣誉感和归属感。民间美术的诞生就被注入了很强的伦理道德及历史文化观念,民间美术作品中很多都强调了对中国伦理道德中的"忠""孝"两个美德。所以在欣赏民间美术的同时不但可以欣赏这种民间艺术,同时它的教化功能也深深的影响到了观者。

同时由于民间美术与人们的生活息息相关,它更多的融入了中国劳动人民的汗水和心血。这种淳朴而独特的艺术更多的体现出了中华民族的艺术价值观念,更能增强中国人的民族荣誉感和归属感。

二、中国传统思想文化对美术教育的影响

中国的传统思想教育是具有独特风格的道德教育。具有一套

切实可行的教育方法和教育手段,流传千古,如儒家的温故知新、循序渐进、因材施教、言传身教等。道家的"行不言之教",佛家的"不修之修"的教育法则,都对当前教育中存在的一些现象有着重要的启迪作用。

儒学是中国传统文化的思想主流。六艺作为儒家教育的经典内容包括诗、书、礼、乐、易、春秋。一直影响着中国传统教育思想,这个思想也与当代培养全面素质型人才的理念相吻合。

儒家思想注重意识形态教育理论与实践相结合。孔子曾经提出过"学思并用",指出学习应划分为四个阶段,包括学、思、习、行。前两个阶段是学习知识的过程,后两个阶段是将所学的知识与实践相结合的过程。

儒家的教育原则和方法是中国传统教育思想的重要精华。中国古代的教育家经过长期实践与概括,为我们当代学子们留下了许多有价值和难得的经验和方法。孔子最早就注意到了因材施教的重要作用。他注意到了每个学生都具有不同的特点以及知识水平、智力、品德等方面差异,所以针对学生的不同特点,应该因材施教,对每个学生做出具体的分析,并给予不同的教育方式。作为现代教育模式的个性化教学,正是受到了这个教育方法的启迪。孔子还十分重视启发式的教育,曾提出"闻一知二"的教育思想。充分调动学生的积极性,启发诱导学生独立钻研的学习精神。儒家思想追求真善美的统一,儒家美学是善的最高境界,它是一种超越自然地天人合一的审美境界。"'道'具象于生活,礼乐制度。道尤表象于和灵魂。'艺'。灿烂的'艺'赋予'道'以形象和生命,'道'给予'艺'以深度和灵魂",这种艺术增强了我国古代艺术家的爱国精神和社会的责任感。

第四章　美术教育中民间传统文化的应用

第一节　传统剪纸在美术教育中的应用

一、我国民间美术教学实践——以剪纸为例

1.剪纸题材内容。剪纸的题材十分广泛,包括有吉祥图案、历史典故、神话戏剧、人物山水、花鸟鱼虫、飞禽走兽、十二生肖、亭台楼阁、生命礼赞、图腾崇拜、宗教信仰、劳动生活等题材。[①]在民间剪纸中,吉祥图案占了很重要的部分,常借助于谐音、谐形、象征或符号来托物寄情、寓意吉祥的祝福,是典型的象征性艺术。它反映了劳动人民的精神追求、审美情趣和对幸福生活的渴望,也使吉祥剪纸具有很高的审美价值,使民间剪纸极具艺术特色。通过对吉祥图案剪纸更多的学习,让学生感受到生活的美好及对生活的向往,培养他们乐观的生活态度和积极进取精神。例如,白凤兰的剪纸作品《牛耕图》、袁枫的《愚公移山》,都是体现了劳动人民勤勤恳恳劳动的场景,这可以教育中学生要刻苦努力地学习,所以,通过对学习这类剪纸题材,可以培养学生积极向上的人生态度。由此可见,把剪纸引入中学美术课堂教学是非常有意义和价值的。

2.文化精神。通过对剪纸题材的认识与了解,我们可以发现剪纸本身所蕴含的文化内涵博大精深。每一幅剪纸的造型特点都是剪纸人内心世界的传达,具有丰富的情感。与此同时,我们可以

[①]胡元斌.剪纸年画民间文化读本[M].奎屯:伊犁人民出版社,2015.

看到,剪纸艺术自诞生以来,从没中断过,可见,剪纸的生命力是多么的巨大与顽强。民间剪纸作为劳动者的艺术,在民间世代相传,经历了千百年的历史,生生不息,在中国农村比较稳固的社会结构和文化结构中,构筑起劳动者的精神世界。民间剪纸是满足自身的生活艺术,渗透在人们生活的每个层面,具有实用价值,并且在民族文化中发挥着重要作用,其文化内涵十分丰富,具有很强的文化精神。例如,在湖北省鄂州发现反映抗战主题的五十余张的花样剪纸,当时全国上下齐心合力的精神都被这些花样记录下来了,体现出了当时人们抗日救国的革命情绪,在花样设计上,也反映了剪纸艺人们与时俱进和灵活创新的艺术追求。通过这类题材的剪纸作品传达的文化内涵,学生可以间接了解到我国的历史文化,增强爱国主义精神。

可见,剪纸来源于人们的生活,是对各种生活现象的反映,体现了人们对生活与自然的感悟,是创作者内心情感的流露。我们不仅仅只看到剪纸给我们带来的美好的视觉形象,而更应该透过它的外在形象了解到它内在所具有的独特的文化精神。我们可以从剪纸作品的创作理念、表达艺术的形式和技法的制作意识到,这都与我国的传统文化相符合的。这种流露出来的传统文化特征是剪纸在符合中华民族传统的宇宙观、世界观与方法论的基础之上所体现出来的。在剪纸艺人进行剪纸创作的时候,他们大胆地把自己的情感宣泄到剪纸作品中,并且把有些并不存在的艺术形象融入剪纸的制作中,因此,这些剪纸作品充分体现了人们精神的自由性和饱含了人们的思想感情。剪纸艺术超脱了利益得失的观念,大多数剪纸作品都表现出了强烈的个人情感,而且是自然的流露,不掺杂其他复杂的感情色彩,这样使得它的题材更广泛和内容更丰富,并且其艺术光辉也被释放出来了。

由此可见,剪纸可以把人类精神真实地再现出来,与此同时,还可以追求属于自己的精神家园。剪纸可以体现人类内心的思想感情和表现民族形式,通过对剪纸文化精神的了解,可以增强学生的爱国情怀,发扬我国优秀的传统文化,进而更好地继承和发展我国优秀的传统文化。所以,学生在学习这种充满民族艺术特色的剪纸作品的时候可以感受到深厚的民族气息和民族思想。

民间剪纸属于工艺美术,与其他工艺美术门类一样,带有极大的技术含量。通过对剪纸基本造型及文化精神的学习,可以激发学生对美术学习的兴趣,更加深入地感受剪纸艺术。这样,他们感受美和创造美的能力也可以提高,与此同时,还可以促进学生开发心智和培养其良好的品性,使其全面发展。因此,学生在进行剪纸作品创作的时候,就可以制作出更加优秀的剪纸作品,进而感受我国优秀的民间美术,从而增强他们对我国传统文化的热爱。

二、剪纸在美术教学中所涉及的基本造型及技巧

(一)剪纸的基本造型特征

民间剪纸属于一种剪刻剔镂的民俗文化形式——"剪"与"刻"是其成形的基本行为要素。剪纸具有"千刻不落,万剪不断"的特点,它是一幅清晰透彻和具有鲜明对比的图案,其线条是连接不断和柔婉流畅的,把民俗生活图景与民众文化精神心态全面地映射出来了。剪纸的剪刻刀法形成了剪纸的造型观念体系。总体说来,剪纸的基本造型特征归纳为四种。

1.随心表意的造型。剪纸是极其随意的民间艺术行为的本土文化。这种造型特点注重精神感受和情景交融,表达创作者内心真实感受,抒发其创造性地超越现实的理想,看似不合逻辑,但其表达出来的精神是合乎情理的,充分体现了剪纸艺术的天然纯朴、率性而为和不受羁绊的民俗文化心理。例如,剪纸人王秀清的《放牧图》,我们可以剪纸画面中看到马头不是一个,而是一匹马有多

个头来表现出马在吃草的动态,给人的形式感和视觉力极强,完全没有按照逻辑,更多的是随心写意式的。

2. 稚拙天真的造型。剪纸之所以有稚拙天真的造型特点,是因为它继承了原始先民的造型观念。剪纸中出现的很多作品让人觉得稚拙简练,突显出它的纯粹性。但剪纸这种朴实和简练的造型正好符合现代艺术观念的追求,就像有句话这样说的:最原始的往往是最现代的,最幼稚的往往也是最成熟的。例如贺桂莲的剪纸作品《武松打虎》,从这幅剪纸作品看上去,我们可以发现里面武松和老虎的形象稚气可人。在这幅作品中,武松的形象显得渺小,给人的感觉是似人非人的,而虎妈妈却是非常庞大的形象,它的眼睛显得炯炯有神,腿粗壮而有力,肚子中还有三只宝宝,它的旁边还站着两只虎宝宝,整幅剪纸作品传达着天真稚趣和单纯真挚的独特美。这种剪纸艺术中的稚拙和单纯的思维特点与学生很相符合。剪纸具有"率性而行,适情而止"的特点,这正如学生作画一样,体现了生活主观化的娱乐形式。剪纸的这种稚拙天真的造型特点可以给人传达具有强烈动感和张力的视觉传达。

3. 嫁接夸变的造型。这种造型特征使剪纸看起来别具特色,表现出来的形象并非现实造型,相悖于自然规律,看到的客观形象是怪异和荒诞的,体现出来的是既抽象又具象的造型思维过程,是在客观物象上加上自己的主观意向所创造出来的新的视觉形象。这种视觉形象充满了梦幻和联想,在自然生活中是找不到的,具有神话般浪漫色彩。嫁接造型最后形成的视觉形象让人觉得有种怪诞陆离的神秘感觉,剪纸作品中又有很多这种意向造型,很多都是以人来组成的嫁接表现形式,比如人面鱼、鸡头鱼、虎头鱼尾、人狮等。例如剪纸人潘长旺的剪纸作品《鱼变娃》,这是表现生命象征的剪纸作品,画面中娃娃的头被嫁接到了鱼的身上,形成了人头鱼身的视觉效果,具有生殖崇拜的意味在里面。这些具有嫁接造型特征的剪纸艺术作品具有深刻的内涵,也是艺术形象的再创造,更具艺术感染力,使自然形态的形式美感更好地展现出来,反映事物的本质。

4.典型概括的造型。英国的美学家克莱夫·贝尔认为"艺术是有意味的形式……有意味的形式都是通过简化的形式得到的,没有简化,艺术不可能存在,因为艺术家创造的是有意味的形式,只有简化,才能把有意味的东西从大量无意味的东西中抽出来"。这充分说明了,简化是对物象的高度概括和提炼,是对物象本质特征的抽取,这样出来的造型看起来典型概括。虽然再现出来的视觉感受不是真实的画面,但是物象的形象特征还是可以被表现得出来。简而言之,剪纸艺人可以把自己内心要宣泄出来的感情可以在对物象进行造型的时候表现出来,使物象的视觉效果和张力极强。

(二)剪纸的学习技巧

剪纸材料的限制使得剪纸对于多层次的画面内容和光影效果及物象的体积、深度和起伏不能很好地被表现出来。因此,在学习剪纸的时候要学会扬长避短,并且采用平视构图,这种构图就是把三维空间立体形象的物体和景象变成一维、二维空间的平面形象,通过大胆取舍所表现的素材进行删繁就简,概括出简练的线条,突出画面的重点和黑白关系虚实相衬。由于剪纸表现出来的物象是具有平面化特征的,它把所有要表现的物像都聚集到了一个平面里,这使得剪纸作品的表现力被大大增强了。

民间剪纸的思维方式是极度随心所欲的,自由大胆的。因此,在学习剪纸的时候不宜采取写实的手法。我们可以看到很多剪纸艺人剪出来的剪纸作品都是没有体积、空间、透视和比例的,他们凭着自己多年的经验和对生活的感悟,对剪纸作品进行了大胆地创造,创作出来的剪纸作品都是他们内心情感的表达和本地区的民族精神。

剪纸的主要技法有剪、粘、抠和刻,这样的技法很符合学生的喜爱,可以通过让学生来学习剪纸,剪纸活动对孩子的作用还是比较大的。通过剪纸活动,学生的手部动作可以变得更加灵活,进而提高学生思维水平。具有深厚文化底蕴的剪纸,是我国长期发展的产物,体现出我国不同地区不同民族的风俗习惯和生活,让它与我国中学美术教学相结合,有助于提高美术课程的适应性,进而学生学习美术的兴趣可以被激发出来,学生的创新精神也会有所提高,培养学生的动手能力,促进学生个性成长。通过对剪纸技巧的学习,可以丰富学生的生活情趣,陶冶审美情操,让学生加深了解我国的民间艺术和传统文化,进而增强他们对祖国灿烂民间艺术的热爱之情。这些都体现了新美术课程标准的课程价值和理念,与新课程标准提出的"鼓励学生在感受体验、参与、探究、思考和合作等学习活动的基础上,进一步学习基本的美术知识和技能,体会学习的过程和方法,形成有益于个人和社会情感、态度和价值观"的培养目标相符合。

我国的剪纸已经开始走入中学课堂,很多教师设置关于剪纸的相关内容在学校的美术课堂上,学生可以通过在学校开设的剪纸教学课程来增强他们对民间美术的热爱。现如今,剪纸在中学美术教学中作为一个载体,它可以培养学生动手能力和树立学生的传统文化意识,增进对传统文化的了解和热爱之情。剪纸具有单纯、典型、夸张的造型语言,丰富的象征意蕴以及时代背景,因此,在对剪纸艺术独特造型学习过程中,可以使学生感受到我国深厚的文化底蕴,增强学生民族自豪感和自信心,从而让这些将要流失的民族文化遗产更好地被继承和保护。

处在中学阶段的学生,随着他们基本发展成熟的智力和记忆力,已经形成了理论性的抽象逻辑思维能力,并且概括化的观察能力也有所提高了,因此,他们能够对剪纸知识和技能进行深入地学习。与此同时,学生的自我意识不断增强,克服困难的主动性与积极性的能力也有较大程度地提高,这样剪纸技法课也更有利于开展,可以让他们深入地了解剪纸知识,学生通过对剪纸艺术所具有的基本造型特征和其技法的学习,可以让他们充分领悟剪纸艺术魅力,深入学习我国的传统文化。

三、剪纸教学内容设计安排——对称式剪纸的制作方法

剪纸的制作方法从大的方面划分一般为对称图形和非对称图形。这里主要是对对称式剪纸的制作方法进行教学内容设计安排。对于对称图形的制作方法就是:先在纸上画出一半的形状以及内部需要抠出的大概轮廓,然后用剪刀剪去不要的部分即可。在进行剪纸的这一制作方法教学的时候,采取的教学方法最好是由易到难、循序渐进的教学方法。

1.教学内容。通过对剪纸艺术的了解,让学生进行简单的剪纸制作,进而激发学生对民间美术的热爱之情,弘扬我国的优秀传统文化。

2.教学目标。首先让学生感受剪纸中的折、画、剪等过程,这样让学生可以初步认识剪纸的对称图形。要求学生学习比较简单的对称图形,让他们由浅入深、循序渐进地完成剪纸制作,通过剪纸制作让学生更加地了解我国的剪纸艺术思想感情,进而更好地继承和发扬我国的传统文化。

3.教学重点。在剪纸制作过程中,让学生先理解对称的特征。

4.教学难点。掌握剪纸中对称的制作方法。

5.教学工具。多媒体课件、剪纸作品、剪刀、彩纸。

6.教学过程。在学生学习剪纸技法制作之前,借助多媒体,在大屏幕上给学生展示几幅剪纸作品,如《双凤戏牡丹》《三多》《生命

之瓶》来供学生欣赏,激发学生对剪纸学习兴趣。我们之所以选这几幅剪纸作品来供学生欣赏和学习,更多地是想让学生了解到生命崇拜和生殖崇拜一直是民间艺术中永恒的主题,而且剪纸的大多数题材都表现的此寓意,以上的这些剪纸作品造型十分美观,体现了人们对美好生活的追求与向往。这些作品的形成与我国几千年的农耕经济有关。当时的人们受到极大的压迫与剥削,每天过着自给自足的小农经济生活,一家人只求温饱,天天盼着能风调雨顺、子孙绵连、长命百岁,无忧无虑就会感到非常满足。在给学生欣赏的同时,我们分别对这些剪纸作品进行了简单的讲解。

我们可以给学生展示《双凤戏牡丹》剪纸作品。这幅作品又称《凤穿牡丹》,是以凤凰与牡丹花组合构图,凤凰是传说中的吉祥鸟,百鸟之王;牡丹为花中之王,又称富贵花,有富贵、祥瑞、美好的寓意。凤穿牡丹是生命生育的主题,同时寓意吉祥、富贵、和谐,充分表达了繁衍的主题。接着展示《三多》剪纸作品。这幅作品是典型的"三多"纹样,以石榴、桃和佛手组合,桃象征长寿,佛手因谐音而寓意福,石榴因多子而寓意多子多孙,三种果实组合有多福、多寿和多子的吉祥寓意。另外,有的三多纹样以莲子取代石榴,也寓意多子,以石榴和佛手组合为"多子多福",以桃和佛手组合为"多福多寿",或"福寿双全"。最后为同学们讲解雪秀梅的作品《生命之瓶》。这幅剪纸作品以"瓶"为外形,借"平安"之谐音,外形又有母腹孕育生命之隐喻;瓶内的娃娃不言而喻,有着多子之寓意,整个"生命之瓶"的含义十分明确和顺畅。

这几幅剪纸作品都体现地是对美好生活的热爱与向往,表现出了剪纸人积极向上的精神,学生可以从这些作品中感受到生活的美好,热爱生活、珍惜生命。在此之后,给同学展示的是用对称和不对称两种形式表现的两幅剪纸作品《鲤鱼跳龙门》的剪纸图案,以此可以使学生了解到用不同形式表现的剪纸作品。当学生进入剪纸技法操作时,给他们具体介绍并演示用各种表现手法和装饰纹样的剪纸作品,其具体表现手法有阴刻、阳刻及阴刻和阳刻相结合的刻法。阴刻的图案上装饰纹样被剪(刻)去,形成镂空效果,一般要求线线相断;阳刻是将图案中装饰花纹留下,花纹以外的部分剪(刻)去,这要求线线相连;关于阴刻和阳刻相结合的技法,一幅完整和漂亮的剪纸图案都是按此技法完成的,它们相互连接,互相映衬。

为了让学生尽快对对称图形剪纸技法的掌握,我们以"蝴蝶"为例来讲述剪纸的一般制作方法。我们将收集的几种不同纹样的蝴蝶图案给同学们看,供学生欣赏,并且以提问的方式对每个图案中出现了哪些装饰纹样来进行回答,学生都积极响应,课堂气氛十分活跃。在对剪纸制作方法和步骤熟悉之后,鼓励学生大胆创新地制作出自己心中最想制作出来的剪纸作品,结合之前的剪纸知识剪出自己心中最美的剪纸图案来。在此基础之上,学生们开始全身心地积极地投入剪纸的设计与制作中来。不一会功夫,很多学生都剪出了自己认为最美的图案的剪纸作品。最后,我们从中挑出比较新颖和让人眼前一亮的作品展示给全班同学看,同学们就开始议论纷纷,争相评论,最后我们做出总结,这节课就在轻松愉快的氛围中结束了。

第二节 传统图案在美术教育中的应用

一、传统吉祥图案在美术中的应用理论分析

(一)应用的价值

1.传承和发展传统文化。中国是四大文明古国之一,有着悠

久的文化历史。古代的中国曾经是世界上最大的超级大国,经济繁荣、国力强大、文化灿烂,国家本身的强大加上与世界各国的频繁交流更加强了中国文化的发展。吉祥图案便是这灿烂文化中浓重的一笔,也是人类长期以来发展起来的,是人们追求美好、吉祥和长寿而形成的一种文化产物,集合了中华民族的智慧精神和内在体养。而在信息快速发展的社会,大众文化成为现在文化的主流,中学生往往都沉浸在消遣娱乐的网络和数字电器化时代,平时几乎很少接触到传统文化,对吉祥图案也越来越陌生,这样下去我国的传统文化必然会渐渐衰败。所以吉祥图案的课程设置会使吉祥图案文化更好的传承和发展下去,会让中国的传统文化——吉祥图案这个蕴藏着无比丰富的艺术宝库放射出更大的光芒。而青少年正是祖国的下一代建造者,对于他们的精神灌输和文化渗透会给中国文化撑起一片新的发展天地。

2. 丰富教学内容,挖掘课程资源。吉祥图案课可以有很多教学方式和内容,可以使用不同的教学资源来上好美术课,使学生在学与玩中都能学到知识,形成立体式教学。例如,让同学们到生活中去发现可利用于同学们的吉祥图案的资料,这样不仅对学生的新的知识的构建有效而且对丰富课堂教学和课堂资源有很大作用。

吉祥图案本身就是中国民族生活中的宝贵财富,它虽然属于我们的传统文化,但在现在的社会生活中也有它的影子,典型的也有很多。例如,2008年的奥运会的标志,是很典型的吉祥图案"八吉祥"中的"盘长"变化形成了五环的样子,而这个标志变形之后像是一个人在打太极拳,整体形状也像是一个五角星,通过这样一个小小的标志我们就可以看到中国文化的浓缩的特征。而把吉祥图案系统的应用在美术教学中,不断地寻找生活中的吉祥图案,并对寓意和造型形式进行学习,这样在不断地丰富着课堂教学资源。[①]

(二)初中美术课中的吉祥图案课程

1.以图腾为例。在讲解龙图腾文化时,先向同学们介绍龙的来历、演变和发展以及用图片介绍龙的形象特点和与龙有关的活动,是为了让同学们了解中国文化的精髓,了解龙是中华民族的象征物和为什么我们把龙作为我们民族尊严和吉祥的象征的原因。激发学生们的爱国热情和强烈的民族精神,最后让学生们分组用纸杯制作一条龙。这节课的设置抓住了中国传统图案中最为经典的图案龙的形象,以吉祥文化的一点来了解吉祥文化。

在讲解萨满文化时,通过欣赏满族的面具、图腾等,来了解并传承我国的这种原生态的民族文化,防止文化的消失,并且使学生们更加热爱生活。通过欣赏之后,营造了一种艺术的氛围,激发学习兴趣,让同学们能做出属于他们自己的萨满面具。而萨满的图腾、面具和衣服等图案有的是属于吉祥图案。课堂上着手于中国传统文化中的一种文化——萨满文化,而萨满文化中的图腾则有一部分属于吉祥图案,课程的形式就是属于以点带面的形式。

这两个课的课程内容设置以吉祥文化中的一部分内容为切入点,介绍了我国的吉祥文化,但是这样只呈现给学生一个个零部件,同学们很难把众多的零部件组合成一个整体。所以要让同学们在教学设计中整体来把握吉祥文化中的吉祥图案,做到学以致用,这样吉祥图案才能得到很好的传承和发展。

2.知识中的穿插讲解。讲解民间艺术的色彩搭配内容时,因为民间艺术的形式和特征都是丰富多样的,而课堂上则针对其艺术特征中的一个重要方面的色彩搭配来做研究学习。在讲民间艺术时就会讲到吉祥图案的色彩搭配。

---

①柯萍.中国造型与美术教育[M].北京:社会科学文献出版社,2014.

讲解敦煌莫高窟文化,是通过介绍石窟中的彩塑和壁画来让同学们了解宗教文化和我国的历史文化。佛教传入中国之后,日渐盛行,所以有的佛教图案就变成了吉祥图案。石窟壁画欣赏中,壁画装饰中就有中国吉祥图案的部分介绍。

讲解传统艺术的色彩搭配内容,主要是建筑、壁画、服装园林、书籍等众多的色彩搭配,而其中也包括吉祥图案的部分知识。在瓷器的相关内容中,只有在瓷器的装饰图案中讲了吉祥图案。

这几部分的讲解课都是在整个课程内容中较少的介绍了吉祥图案的相关知识,穿插在别的知识点中讲解。

3.范围广泛的研究性学习。比如,设计吉祥物的主题落在了"吉祥"二字上,通过了解吉祥物是象征吉祥快乐企盼成功的愿望,通过知识技能的学习来培养学生热爱生活的情感价值观,学会对审美思想进行创新并表达出来。课堂主要是立足"吉祥"二字上的创新设计应用,而传统图案方面的内容不是很多。

身边的美术遗存内容是一个让同学们自己去探索和研究的课程,范围非常的广泛,同学们在身边会发现吉祥图案,亦可能发现其他的遗迹。

这两节课的设置是伸缩性非常大的课程,它的随机性比较大,可能会导致整个课很少涉及吉祥图案。

从部分中学美术教材中有关吉祥图案课程的内容来分析,没有设置系统的中国传统吉祥图案课程,所以应对吉祥图案课程加以重视,设置一系列的课程加强对中国传统文化的发展和应用,使中国的艺术珍宝能在世界发出灿烂的光芒。

(三)应用策略

吉祥文化是我国的传统文化,源远流长,而其中的吉祥图案的知识也是吉祥文化中的重要一部分,是需要我们后人予以流传下去的,传统吉祥图案在经过长期的演变之后,已经带有深厚的民族烙印。而为了将这个有着浓郁中国韵味的吉祥图案传承下去并且发扬光大，所以中学美术课程中吉祥图案课程的合理安排，会恰到好处的使学生们学会应用和发展吉祥文化。吉祥图案课程的设置也要创新的运用，这样不仅能达到文化的传承，也能使学生在其中学到有用于现实的知识和能力，更好的造福于生活。

1.教育中对传统吉祥图案的直接应用。吉祥图案是中国传统吉祥文化及中国人文思想的可视载体，也就是物承标志。它所追求的美好和谐和吉祥安康都是中国朴素和含蓄的思想，并且与文史哲三方面学科内容再加上儒道佛三家思想相互融合，不断发展并流传，体现了中华民族的智慧、精神、内在体养和品质。而这些吉祥图案有的是现实中存在的植物、动物、器物、人物等，有的是由人们意念创造出来的物象，有的还是实物简单化得来的，被人们用在器皿、建筑物、家具、衣服等上面，传达着人们祈福纳祥的文化。

在美术教育中，我们可以直接把吉祥图案课程作为主题内容进行课程设置，这样可以让同学们系统的从根本上去了解吉祥图案，从而去了解传统的吉祥文化。在教材中专设一个小专题作为吉祥图案课程的主题来学习，让学生从里到外把这种文化吃透。例如，讲吉祥图案就给出吉祥图案作为主题，直接切入主题内容直截了当。从历史、寓意、表现形式、分类到生活中的应用等，从讲解、欣赏、展示、提问到讨论。运用不同而多样的教学方式，使同学们对吉祥图案产生兴趣，让同学们产生学习的动力并展开想象力和创造力。从而把吉祥图案教学内容逐步完善，并把中国传统吉祥文化更好地发展下去。

2.教育中对传统吉祥图案的延展使用。在美术教育中，吉祥图案的课程不但需要设置一个专题学习，还需要间接地展开并穿插在其他专题当中和其他课程中进行学习，这样才能对吉祥图案的精神内涵充分理解，把它的吉祥寓意延展开来并把他的精神传达出来,就像《敦煌莫高窟》这部分课,主要是以石窟艺术为主题来设置供学生们学习,不过也有吉祥图案的内容存在,这样在欣赏讲解中就会把它传达出来。

(四)吉祥图案教学中运用的教学模式

在现代各项教学过程中,都已形成了很成熟的教学模式,而且是非常典型和稳定的教学程序,可以在某一特定的教育教学理念下形成很好的组织教学,简化某些问题而来研究有特色的问题,会使师生之间更好的完成教学活动。而吉祥图案教学中也需要各种不同的教学模式并对美术教学精心的研究和设计,这样会使老师和学生之间更好的进行学习、研究、分析和解决问题。所以美术也要在不同的教学模式下进行,这样才能更好的达到预期的目的。

1.以教师为主导的教学。我们最常见的就是直接讲授的教学模式,它是以教师为主导来进行系统的讲解,是通过复习上节课的内容与作业,再加上能激发学生学习兴趣和动机的引入,然后进入讲述环节,呈现出不同的例子、图片、来讲述新知识点,通过提出问题,来检查学生们的理解情况,采取课堂上有趣的练习,来巩固课堂知识内容,最后布置家庭作业。

采取直接的讲授教学模式会让学生处于被动地位,而对于个别班级来说,学生们的素质是不一样的,所以可能会有的学生跟不上老师的讲课思维,再加上中学阶段的孩子都很好动,不易集中精神学习,所以这样的讲课方法中再穿插些能调动学生积极性的环节(如讨论、比赛竞争等环节),这样就会使学生全身心的投入整个教学过程中,因为只有大家用心来学习、讨论和创作,才能使他们有获得胜利的喜悦,这样不仅提高了学生们的自身的某些素质水平,也培养了学生们的集体荣誉感和团队合作精神。

2.以学生为中心的教学。现在都提倡以学生为中心的教学方式,随着这一理论的提出,教育学者们就研究出很多的教学模式来更好的完成这一理论,也更好的推动教育的良性发展,帮助学生们更好的在学习中收获更多的知识和乐趣。例如,问答启发式的教学方法便是一种简单有效的方法,通过教师来提出一个有关注点的问题,激发起学生思考挑战的情绪,老师和学生之间、学生和学生之间讨论,逐渐的把问题解决掉,还间接的发展了学生人际交往的技能,而这种方法中教师是一个参与者。

学生学会了自主学习、研究、合作的学习方法,教师在其中把握大方向,完全放手让学生们自己解决问题,在研究过程中不理解的问题再和老师探讨。让学生体会到学习主人的自豪和自信,并且感受到学习所带来的乐趣。还有的教学是把学生带出课堂,也就是把课堂设置在学校之外,让学生们亲身体会、亲眼目睹,有些东西在教室里可能需要老师讲很多遍,学生们也不一定能理解和记住,而亲身体会和感受了,自然印象深刻,学起来就不难了。

二、美术教学中吉祥图案课程设计分析

新课程标准的制订,使美术这一学科更好的发挥其作用,并受到了空前的重视,进入了重要的发展时期。科技在飞速发展,则就需要人们要有高尚的情操,提高审美。对自然和生活也要存有一份热爱之情和感恩之情。观山则情满于山,观海则情溢于海,学生在认识和实践过程中始终伴随着情感活动。美感是情感的一个重要方面,而进行美术教育会对审美产生重要的作用,而有关传统吉祥图案课程的内容是对美好生活的向往,对自然的热爱。把大量动物、植物、日月星辰等作为题材,通过不同的表现形式,促成了吉祥寓意的图案,让学生深深地感受到了自然的美好并对生活产生感恩之情。

美术是一个用来传递和交流思想感情的文化行为,而图案课程在这样一个信息化进程快速的时代里就变成了一种有效而生动

的信息载体,正如新课标所说的学习美术有利于学生来熟悉美术,更多的来进行信息的交流。吉祥图案课程的设置则是让学生们学会更好的感知自然和生活的一种方法,为学生的思维能力的发展提供丰富的营养。吉祥图案课程的设置能让学生们了解和体会吉祥图案也是在不断创新的条件下发展的,而工艺技术的发展为吉祥图案的发展起到了加速的作用,让学生们了解技术是艺术得以发展的保障,让同学们在课程学习中学会勇于实践。而在美术课程中要尊重同学们的个性发展并引导学生形成社会共同的价值观,达到全面的发展。

新课程标准将九年义务教育阶段分成了四个学习阶段,我们要研究的就是第四阶段——7~9年级初中阶段。而在学习领域上新课标中划分了"造型—表现""设计—应用""欣赏—评述"和"综合—探索"四个学习领域。在吉祥图案的课程教学中为了很好的渗透中国的吉祥图案文化,为了让同学们能够学以致用,安排这样一个专题的学习是非常必要的。

1."欣赏—评价"的教学分析。"欣赏—评价"这个学习领域是要求学生对大自然还有美术作品等视觉世界进行欣赏和评述,从而形成美术素养并提高欣赏水平及能力,而通过这一领域的学习,学生要达到一定的目标,学会用更多角度来欣赏和认识自然美和作品的内涵。在吉祥图案的形成、寓意和表现方式等方面的学习上,使学生们学会了掌握运用语言、形体和文字来表达人的内心感受的方法,从而也达到提高学生视觉感受力的目标。吉祥图案是我国民族文化艺术的珍宝,其有关课程的学习很好的做到了崇尚文明,珍惜民族艺术的目标。

欣赏课是美术课非常重要的组成部分。欣赏课是为了拓展学生们的视野和知识量,激发学习兴趣,寻找情感的共鸣,陶冶情操,培养审美能力等一系列的积极作用。而吉祥图案欣赏课的内容和课程安排要掌握一些规律和技巧,欣赏图片的选取也是很重要的,需要有典型性,而且是同学们易于理解和接受的,要在学生们感兴趣的图片上下功夫收集、整理、归纳。在教学方式的选择上,选择学生们容易接受的模式,不要是一味的"填鸭式"讲授,这样学生们处于被动地位,就很难调动他们的学习兴趣,所以吉祥图案欣赏课需要同学们课前复习,收集相关的资料,做到有备而来。而在对吉祥图案的欣赏过程中,要以学生为主导,教师提出问题,让学生们带着问题进行思考,这样能很快的把学生们带入欣赏的主题。

而在一定的情况下,可以让学生们以小组为单位对问题进行研究总结,然后自己发表看法,最后老师再给出点评和总结,这样的一个吉祥图案的欣赏课,做到了以学生为中心,教师为主导的要求。而在这个教学的过程中,教师要注意适时的讲解一些美术的术语,如在讲图案的排列方式的时候,可以向同学介绍什么是"二方连续""四方连续",而当同学们积累了一定量的美术术语等相关专业知识,就可以渐渐地独立欣赏作品,提高欣赏能力。而一堂好课不是简简单单的停留在课堂上,是需要给学生们带出课堂、走进生活、走向社会并走出中国的。

吉祥图案应用于雕刻、绘画、织绣等领域,范围非常广泛,深受人们的喜爱,在民间只要有生活,就有吉祥图案。题材也非常丰富,只要是与祝福有关的图案都会被纳入吉祥图案的题材之中。存在于自然界中的万物,如花鸟鱼虫还有飞禽走兽等存在的事物都可以作为富有吉祥内涵并具有民间审美主题的吉祥图案。课堂设置意图是通过对吉祥图案的欣赏学习,从而了解吉祥图案题材的丰富多彩和造型的千变万化,吉祥图案的寓意、分类以及表达寓意的方式方法,引起学生的学习兴趣,让学生对多姿多彩的吉祥图案进行深入了解,为了以后能学以致用并把吉祥图案传承发展下去打下坚实基础。学生通过欣赏、感受、讨论等过程,去了解吉祥图案的文化知识。

2."造型—表现"教学分析。"造型—表现"这个领域是让学生学会用不同手段和不同的材料来进行造型,体验其中的乐趣,从而表达出自己的思想感情。在这个领域的学习中就要求学生学会创作的方法,如运用描绘、拓印、雕塑、剪纸等方法来传达观念、情感和意念。而吉祥图案相关课程的设立,使同学们达到认识和理解吉祥图案的线条、形状空间等,激发想象力和创新意识。而且图案创作课程会使学生从吉祥图案的不同应用创作中发现艺术感知能力和表现能力,最后使学生在"造型—表现"这领域体验到造型的乐趣,产生对美术课整体的学习兴趣,鼓励学生动手参与身心体会,从而使我们了解到这部分知识能力非常重要。而在造型领域的创作活动都是深受同学们的喜爱和欢迎,运用的合理就会调动学生们的积极性,从而引起学生们的学习兴趣。

"造型—表现"主要是为培养学生们的美术基础技能,为其他美术课打下坚实的基础,也让同学们在观念表达方面找到一种合理而有效的方式。在这个领域的学习里,我们要精心准备,合理设计课程教学,通过学习制作让同学们了解材料及方法不同所带来的视觉影响力的差异性。并且让同学们对身边的一些常见材料产生创造性的利用想法,并且掌握美术创作的基本语言。在吉祥图案造型表现的教学中我们应该注意:通过吉祥图案作品的欣赏和启发,培养学生们的好奇心,这样才有创造的动力。通过用眼睛感受能够吸引他们注意力,发展造型想象力鼓励同学们大胆想象,俗话说只有想不到的没有做不到的。在充分调动了学生们的学习积极性的时候就要培养学生们的个性特点,这样才能呈现出不同的属于学生自己的表现手法。但是也要注意不要让学生们固定在一个想法和做法上,这样就没有突破和创新了,应该是不断地探索和创造。在这其中,学生们的交流能力的培养也是必不可少的,需要让同学们在讨论中不断地拓展思维、相互借鉴、相互学习,不仅在讨论中启发了创造性思维,也活跃了整个课堂气氛。

3.“设计—应用”教学分析。“设计—应用”领域让学生在确定了目的和作用之后再运用一定的材料和方法去设计和制作。在传达信息的同时也美化了环境,充实了自己,让学生在这个领域的学习中达到“物以致用”的设计思想,参照老工艺方法的展示和学习,进行创新吉祥图案的应用设计,发展学生的创造力。让学生在新时代,利用新材料和工具创造符合新时代的中国吉祥图案用品,使学生不断加强动手能力。让学生不仅了解吉祥图案及中国传统文化知识,而且也了解了艺术美感及其设计运用功能的统一,激发学生美化生活的想法。

“设计—应用”和“造型—表现”都是强调创作活动,而设计是强调作品的功能性,造型这个领域则是要求同学们自由发挥创造和想象力。“设计—应用”这个领域同生活紧密相连,具有一定的功能性。在吉祥图案的设计应用中,通过培养学生们的设计感觉和意识,并逐渐的锻炼同学们的动手实践能力。而在这一领域中把吉祥图案作为一种设计元素进行有目的的设计创作,不管在观赏或者使用层面上取得一定的功用。而且要培养学生们事先对事情进行设计安排的能力,这样吉祥图案的应用作品就能在不断地失败和挫折中经过长时间的思考和制作之后成型。

4.“综合—探索”教学分析。在这个学习领域是要学生把以上三个领域综合运用,融会贯通,并且与其他学科以及现实社会相联系,在不同程度的交叉和重叠领域内探索、发现和解决问题。学习吉祥图案的同时了解吉祥文化以及民族风俗等相关知识,开拓了学生的认识范围。在了解吉祥图案的表现方式和工艺方面让学生认识了美术与生活的联系,而图案实际应用的课程不断地激发学生向未知领域开发进取,使美术课精彩纷呈,真正成为一门重要的学科知识。在这个领域中使老师明白和了解了需要给学生构建一个新的学习体系，一个从素质教育出发的教学体系。并使学生展开多元化的学习，并能有多向性的选择，这样使美术教育最终不是为了培养一个或者几个艺术家而设立的一个学科。例如教材中《设计吉祥物》就是一个"综合—探索"的很好的课程。通过学习文化和技能等内容来进行创意、设计、制作、表达和交流，把吉祥图案巧妙地应用在其中。

应该设计一堂课，把课堂设置在学校之外，例如带同学到展览馆内参观教学，一边参观实物，亲身体会吉祥图案带给人们心灵的震慑，老师一边在中间讲解学生们不明白的地方；或者是到现实生活环境中区搜集吉祥图案的实用案例。这样他们会有很大的学习兴趣，能不断的发现问题、解决问题，从而深刻而系统的消化吉祥图案这个系列课程的理论知识，使得课程的设置能更好的达到预期目的。在进行完课外教学之后，再给学生们拟定一个命题，让同学们用自己的创作灵感进行设计创作表达，把自己的所想所感都用自己的方式向大家展现出来，再以小组为单位进评选，在班级进行作品展览和演示。

第三节　皮影艺术在美术教育中应用

一、美术课堂进行皮影艺术教学的可行性分析

(一)新课程标准对民间美术课程资源的开发要求

义务教育美术课程标准中的课程基本理念要求美术课程要关注文化与生活。美术是人类文化的重要组成部分，是中小学必不可少的一门课程。通过美术课程，学生可以提高审美眼光，加强美

术修养,也可以接触到我国丰富的物质与非物质文化,了解到文化的多样性,增强对文化的保护意识,提高责任感,形成热爱祖国优秀文化、热爱生活的价值观。

在课程开发与利用的建议中,强调充分利用自然和社会文化资源进行教学。我国的自然资源和社会文化资源都非常的丰富。我国东西、南北跨越大,不同地区具有不同的地质条件、不同的植被作物、不同的气候环境。我国是多民族国家,不同民族也有着本民族自己的艺术形式和文化传统。我国民间美术资源遍布各地,种类繁多,形态各异,如果教师能够适当的加以选择利用,便可开发出优秀的教学课程。[1]

民间美术课程已经慢慢融入中学的美术课本之中。皮影艺术的教学可以结合中学生美术课本上已有的美术课程,进行丰富与拓展。

(二)中学生认知与心理特点分析

中学生他们的身心发展水平逐渐成熟,自我意识和独立意识增强,知识和社会素养不断提高,且具有一定的判断、识别、分析问题和较独立解决问题的能力。中学生自我中心意识增强,说话做事喜欢从自我的角度去考虑而不太愿意顾及他人的感受。青春期导致的生理变化也使得中学生更注重自我的感受。他们不再像小学生一样愿意听从别人的指挥和安排。他们什么事情都想自己做主,自我感觉良好,不喜欢听别人的意见,不赞同别人的观点和想法,希望得到认可和表扬。

美术教师在设置皮影艺术课程的时候应该注意中学生的心理特征,让学生主动探索皮影的艺术魅力,在课堂教学中以学生为主,更多的倾听学生的观点和想法,以满足中学生的自我表现欲

---

[1]刘广滨,美术教育概论[M].长沙:湖南美术出版社,2014.

望。在条件允许的情况下还可以采用课外教学的模式,让学生亲临皮影制作表演现场,观摩皮影艺术家制作和演绎皮影的过程。此外,教师在教学过程中还可以适当安排动手环节,让学生自己做一做,自己演一演皮影,增加学生的动手能力和创新能力,增加学生的学习热情。学生在制作和表演中凭着强烈的好奇心能够自己发现问题、探索问题、解决问题,毕竟"纸上得来终觉浅,绝知此事要躬行"。在自主学习的过程中,学生才能减少叛逆心理,从实践中得出真知。

在教学评价的过程中,教师还可以采用要让学生自评、他评、互评的方式使学生学会正确、客观地分析和评价自己、评价他人。

(三)课程内容的转换的意义

根据新课标的课程开发的要求,对皮影艺术进行开发与利用,是对原有的课程内容的转换,是一次观念上的新尝试。

皮影艺术作为课程内容,造型别致、颜色鲜艳、课程形式丰富多彩、生动有趣,贴近学生的生活,学生喜闻乐见。与剪纸、年画等传统艺术相比,表现形式更加立体。皮影独特的表演艺术,有着剪纸、年画这些静态艺术所不具有的独特魅力。教师可以通过独特的课程形式传递情感,在生动活泼的教学过程中,学生对皮影艺术的喜爱会更进一步,从而增强学生对皮影艺术以及其他中国民间传统文化的探索热情,积极主动的参与到文化传承的行列之中。

此外,学生对皮影的制作与表演也是一个对相关媒材的探索的过程。通过自身实践,更深入的了解媒材的特征,学生在学习的过程中能够逐步理解和运用视觉语言。

二、皮影艺术在美术教育中的应用

皮影戏属于木偶戏的一种,是我国民间艺术瑰宝。由于现代社会的高速发展,皮影戏在人们的日常生活中逐步淡出。现代学生很少接触到这一艺术形式,一般是通过影视、网络等对其有所了解。如果能将皮影艺术整合并运用到美术教学中,不仅可以有效地拓展美术教学内容,更是对皮影艺术这一非物质文化遗产的有效传承。基于这一想法,在美术课程中融入皮影戏内容,目的是希望学生能对皮影艺术的相关知识有初步的了解,能设计与制作皮影人物、动物、场景等内容,并能通过团队合作完成皮影戏的表演,从而提高教师、学生设计与制作玩教具的综合能力。我们认为还应该让所教班级学生与其他学生进行互动,将学生制作的皮影作品带到其他地方进行演示与教学,从而使有关教学得到了有效的检验。

(一)将美术知识转化为美术学科知识

首先要针对皮影戏进行前期的资料收集、整理。由于皮影戏在我国的派别较多,制作工艺繁复,文化底蕴深厚,而中学生的美术学科知识技能相对薄弱,如果将皮影戏内容直接搬入课堂教学,则会因为知识点过难、技术操作复杂使学生难以掌握,从而降低学生的学习兴趣。根据所教班级学生的实际情况,需要搜集、整理、提炼出与学生知识水平相符合的教学内容,把皮影戏的相关美术知识转化为课堂教学的美术学科知识。我们对皮影戏的来源和分类进行简单介绍,着重对皮影戏的人物造型、纹饰等艺术形式进行分析,为了贴近学生的实际情况,选择性地进行教学。

(二)简化制作工序

传统的皮影戏所使用的材料主要是驴皮、牛皮、羊皮等兽皮,其制作工序较为复杂,须经过选皮、制皮、画稿、过稿、镂刻、敷彩、烫平、连缀结合八个步骤。如果按照传统的工艺进行教学,则不符合美术教学的实际,因为材料不易收集,工艺繁复。为了提高教学效率,有学者经过反复研究,对以下几个工序进行了简化:其一,首先在材料的使用上进行改变,将原制作使用的皮制材料改成常用的卡纸和宣纸。其二,画稿,即将人物形象分部位画在卡纸(宣纸)上,注意人物的比例关系。其三,剪刻,即采用剪纸的方法进行剪刻,可根据需要进行染色,会出现不同的色彩效果。其四,过塑,即将画好的各个人物身体部位进行过塑,再沿边缘进行修剪。其五,连缀,即用细绳将各个部位进行连接,一般皮影人物用五根操纵杆即可让人物活动自如,也可以根据实际设计的需要添加操纵杆,从而方便操作。

(三)学生创编故事

由于该课程属于语言领域的玩教具制作,在设置教学目标时,教师会要求学生进行故事创编。通过设计与制作语言玩教具锻炼语言表达能力,所以学生必须具备这样的综合能力。针对实际需求,创编故事主要分为两种:一种是学生原创故事,要求其创编的故事符合学生的年龄特点,贴近学生的实际生活;另一种是学生根据经典故事进行改编,故事、人物等不发生变化,可在情节等方面进行创新变化。第二种基于原来的经典故事进行现代社会文化理念的添加、更改故事情节,从而变成一则新的故事。在这一过程中,需要将美术学科和语文学科知识进行整合,让美术教师与语文教师共同打造,才能让学生完成这一教学任务,否则学生所创编的故事的质量很难保证。故事创编可以有效地培养学生的想象力和创造力。

(四)小组表演

学生根据所创编的故事内容,按照皮影戏的制作方法完成整台皮影戏的人物造型、场景布置等内容,同时还要搭建表演用的背景台。教师将全班学生按小组的方式进行分配,每个小组五位学生,以小组合作的方式完成皮影戏从故事创编到皮影人物制作等一系列工作,最后进行团队表演。选定该组的组长,并进行人员分工,制订详细的计划,必须对整个设计制作过程运用文字、图片、视频等方式进行记录。这一过程可以有效地培养学生解决问题的能力,也需要学生整合美术、语文、表演等学科的知识,才能顺利地完成作业,对学生的动手能力、团队合作能力的提高均会有很大的促进作用。

（五）教学拓展

为了有效地拓展该课程的实效性,教师让本班学生直接与校外其他学生进行互动,让学生带着自己的皮影作品到其他学校进行表演,根据在学校表演的效果检验学生学习的成效。这一过程既是对学生作业的一种检验,同时也是对此次课程的一次检验。表演的结果表明本课程教学内容符合专业设置,让学生对民间艺术有了更深入的了解,这也是对皮影艺术的有效传承和发展。

三、皮影艺术课堂教学的意义

学生在学习皮影艺术的过程中,能够近距离地感触中国民间艺术和中国传统文化的魅力。在对皮影的制作和表演进行详细了解之后,很多学生会对中国传统文化产生浓厚的学习兴趣。尤其是皮影的造型艺术、色彩艺术、镂刻艺术和表演艺术,对学生的艺术修养和文化修养的提升都有很大的帮助。

教师将皮影艺术带入课堂,为学生创造了生动有趣的学习氛围。在美术课程资源开发过程中,教师对其内容的选择和重难点的把握进行思考,逐步深入分析以取得最好的教学效果,并充分锻炼了自己的创新能力。可见,在成功设置皮影艺术课程的同时,也实现了教师队伍的发展。

皮影艺术作为中国的非物质文化遗产,应得到合理的保护、利用、传承和发展。教师通过课堂讲授、现场参观等多种教学方式,把皮影艺术的相关知识、技能、思想观念传授给学生,学生能欣赏皮影艺术,并能掌握一定的制作技巧,提高自身的文化素养,这既是对非物质文化资源的合理利用,又是对皮影艺术的传承和发展。

参考文献

[1]陈泓吉. 传统文化对美术设计创新中的应用[J]. 科技风, 2016(19):6.

[2]陈建军. 中国美术史[M]. 上海:上海科学技术文献出版社,2015.

[3]陈烈. 传统文化融入艺术类大学生养成教育的方法研究[J]. 学校党建与思想教育,2015(15):62-63.

[4]贺万里. 扬州美术史话[M]. 扬州:广陵书社,2014.

[5]韩雪. 美术信息检索与利用[M]. 沈阳:东北大学出版社,2017.

[6]华夏. 美术评论及其他[M]. 北京:北京时代华文书局,2016.

[7]黄宗贤. 中国美术史纲[M]. 北京:人民美术出版社,2014.

[8]傅建明. 传统文化与现代美术研究[M]. 长春:吉林大学出版社,2016.

[9]刘松. 美术鉴赏[M]. 郑州:郑州大学出版社,2015.

[10]林松山,林瑶. 传统文化对美术设计创新的借鉴与启迪[J]. 艺术科技,2014,27(3):223.

[11]毛雷琴.感悟美术传统文化突破审美理解瓶颈[J].中国校外教育:理论,2009(8):206.

[12]陶永胜.荣昌乡土美术[M].重庆:重庆大学出版社,2016.

[13]商艳玲.中外美术作品鉴赏[M].北京:清华大学出版社,2017.

[14]王晶.异彩纷呈的民间美术[M].长春:吉林出版集团有限责任公司,2014.

[15]汪昱,秦红梅.美术基础[M].西安:西安电子科技大学出版社,2016.

[16]谢黎.我国传统文化对美术设计创新方面的借鉴及启示[J].现代交际,2015(12):73.

[17]袁智忠.中国美术欣赏[M].重庆:西南师范大学出版社,2016.

[18]郑丽萍.中国传统美术赏析[M].北京:中国电力出版社,2012.

[19]朱平.浙江美术批评史[M].杭州:浙江大学出版社,2015.

[20]周亚辉.中国工艺美术史[M].沈阳:辽宁美术出版社,2016.

[21]张志祥.美术与设计教育研究[M].沈阳:辽宁美术出版社,2016.